実務がこう変わる！

図解 令和3年度

税制改正

編著 辻・本郷 税理士法人
理事長 徳田 孝司

ぎょうせい

はしがき

　令和3年度税制改正では「中小企業の支援」、「ウィズコロナ・ポストコロナの経済再生」など、いくつかのテーマに沿って改正が行われる見込みですが、中でも「デジタル社会の実現」の観点から行われる電子帳簿保存制度の要件緩和は、今後の経理実務や働き方に大きな変革をもたらす可能性を秘めていると考えられます。また今年度の改正は見送られたものの、大綱にて言及のあったいわゆる「相続税・贈与税の一体化」については今後の動向が気になるところです。

　弊法人では時勢を考慮し、今年度から税制改正セミナーをオンライン配信に切り替え、令和3年1月28日より配信いたしましたが、そのセミナーで使用しているレジュメ小冊子と実際の講演内容を融合させたものが本書です。

　内容については、改正内容のみならず改正の経緯や、延長項目については元々の制度内容についても詳しく解説しています。

　本書はできる限り早く、現段階で判明している改正内容をお伝えすることを趣旨として執筆しておりますので、税制改正の内容は令和3年3月末の税制改正法案の成立が前提であることをご了承ください。

　最後に、本書が令和3年度税制改正の理解と税務実務の一助になることを祈念しております。

令和3年3月吉日

辻・本郷　税理士法人
理事長　徳田　孝司

目　次

はしがき

6. 納税環境整備

資　料

1. 法人課税

1 研究開発税制 一般型（旧総額型）

改正のポイント

○売上が一定程度減少したにもかかわらず、研究開発投資を増加さ
せた企業について、控除上限額の引き上げがされます。
○上記措置に加え、研究開発投資の増加インセンティブを強化する
観点から、控除率の上昇カーブを見直すとともに控除率の下限の
引き下げがされます。

解 説

　この研究開発税制についてですが、俗に2年に1度の定期見直しとい
われています。

　なぜ2年に1度見直しがされているのかといいますと、一概にこの研
究開発税制に限った話ではありませんが、租税特別措置法の税額控除に
ついては、納めていく法人税がある中で、その一部について税額を控除
してあげる、税金を減らしてあげるという制度ですから、国側からすれ
ば一種の補助金、助成金の交付という位置付けになってきますので、当
然、その補助金の交付の目的、これに適合しているかどうかというとこ
ろを、適宜見直ししていくということになっていきます。

　この研究開発税制はどういうところを目的としているのかといえば、
よくいわれているのが国際的競争力や、今の時代に合った研究の部分を
推進するようなものになっているかというところです。

　では、具体的に今回の改正内容を見ていきます。今回につきましては、
大きな柱が3本ありまして、まずは1本目です。この部分は何かといい
ますと、研究開発に伴うインセンティブの部分です。このインセンティ
ブの部分の強化というところが、1つ目の柱になっています。

　そして、2つ目の柱としましては、ビジネスモデルの転換・変革です。DXなんていわれたりしますけれども、こちらのほうを推進するに当たって、それに伴って研究開発費自体の範囲の見直しを図っていきましょうというところがあります。

　そして、3つ目の柱としましては、産学官連携の強化、あるいは、その実際の運用を行っていくに当たっての措置の改善の話などが入っています。この3つの柱をベースに今回は、この研究開発税制の改正が行われているということになっています。

　では、まずは1つ目ですが、インセンティブの部分について確認していきたいと思います。今回改正が入っている部分については、2頁の一般型といわれるものと、7頁の中小企業向けの中小企業技術基盤強化税制、この2つがあります。この2つについて、それぞれインセンティブの部分についての見直しがされているということになっています。

　具体的にはどのような見直しがされているのでしょうか。このインセンティブの見直しについて、1つ挙がっているのが、アメとムチということで、インセンティブ部分についてはより控除をできるようにして、やっていない部分、やりきれなかった、あるいは、投資をしていない部分については、控除を下げていきましょうということです。

　次頁図の上段の部分に控除率の見直しが入っていて、それぞれの制度についてアメとムチの双方があるわけですけれども、控除の上限ということで、下段につきましては、どういった見直しがされているかといいますと、今回新型コロナウイルス感染症があったことによって、売り上げが下がっているような中でも積極的に研究開発に投資、将来に向けての投資を行っているような場合については、控除の枠を拡大していきましょうというような制度になっておりますので、そちらの部分の上乗せ制度もあります。

	【改正前】	【改正後】
控除率	試験研究費の増減に応じ、6～14% 【上乗せ①】控除率 ①増減試験研究費割合＞8% 　9.9%＋（増減試験研究費割合－8%）×0.3 　（14%上限） ②増減試験研究費割合≦8% 　9.9%－（8%－増減試験研究費割合） 　×0.175 　（6%下限） 【上乗せ②】 試験研究費の額＞平均売上金額×10% 控除率×（試験研究費割合－10%）×0.5 加算 （上限法人税額10%）	試験研究費の増減に応じ、**2**～14% 【上乗せ①】控除率 ①増減試験研究費割合＞**9.4%** 　**10.145%**＋（増減試験研究費割合 　－**9.4%**）×**0.35** 　（14%上限） ②増減試験研究費割合≦**9.4%** 　**10.145%**－（**9.4%**－増減試験研究費 　割合）×0.175 　（**2%下限**） 【上乗せ②】 試験研究費の額＞平均売上金額×10% 控除率×（試験研究費割合－10%）×0.5 加算 （上限法人税額10%）
控除上限	【原則】法人税額×25% 【上乗せ①】 試験研究費の額＞平均売上金額×10% 0～10%上乗せ（上限法人税額10%）	【原則】法人税額×25% 【上乗せ①】 試験研究費の額＞平均売上金額×10% 0～10%上乗せ（上限法人税額10%） **【上乗せ②】** **次の要件を充足：法人税額の5%上乗せ** **イ　基準年度比売上金額減少割合≧2%** **ロ　試験研究費の額＞基準年度試験研究** **　　費の額**

※基準年度試験研究費の額は、令和2年2月1日前に最後に終了した事業年度（基準年度）の
　試験研究費の額をいいます。
※基準年度比売上金額減少割合は、基準年度の売上に比して当期売上が減少した割合をいいます。

　では、具体的に控除率の部分から見ていきたいと思います。控除率に
つきましては、まずは【改正前】のほうを見ていただきますと、「試験
研究費の増減に応じ、6～14%」ということで、最低6%の控除、そし
て最大で14%の控除ということになっています。この部分につきまし
ては、【改正後】どのようになったかといいますと、「試験研究費の増減
に応じ2～14%」となっており、最低の控除率が2%に引き下げられ
ました。もともとは、試験研究費の増減があったとしても、最低限6%
の控除を行えていたものが、最低限できるのは2%に引き下げられたと
いうことで、ここは控除の部分が引き下げられました。つまり、今まで

6%使えていた企業にとっては4%使えなくなるということですが、ここはある意味、増税という部分になっています。ムチの部分になっています。

　そして一方で、そのようにムチばかりでは、当然企業の研究開発に対する意欲を促進することはできませんので、どのようになっているかといいますと、その下です。上乗せということで、【上乗せ①】【上乗せ②】が挙がっておりますけれども、この【上乗せ①】の部分、【改正前】を見ていただきますと、8%がインセンティブの分岐になっています。

　それが【改正後】においては、その分岐のパーセンテージが9.4%に引き上げられています。ですので、ここについては、インセンティブを分岐するパーセントを、8%から9.4%に引き上げたということで、試験研究に多額の投資をしているような企業については、この9.4%を超えたところからインセンティブが大きく働いてきますので、よりたくさん投資した企業には、インセンティブ、アメを与えることになります。

　そして、そうでない企業に対しては少なめにしていきますということで、より一層たくさんの控除を受けるためのハードルが上がって厳しくなってはいますけれども、そこに到達した場合には、控除が多くなるという制度になっています。

　こちらについて、9.4%のハードルを超えた場合と超えなかった場合の算式がそれぞれ載っていますけれども、実際に計算してみることによって、それぞれ控除が増える部分、控除が減っていく部分というところがありますので、実際に計算してみないと分からない部分もありますが、動きが出てくる部分になります。

　そして、控除上限で同じくアメを与えてくれているわけですけれども、どういう内容かといいますと、原則は改正前も改正後も法人税額の25%です。そこに対して、【上乗せ②】ということで、売り上げが一定程度減少したにもかかわらず、研究開発投資を増加させた企業については枠を拡大しますという部分で、具体的にどのような要件になっている

かといいますと、**イ**の部分です。前年度に対して売り上げが2%以上の減少があったということです。

一方で、**ロ**の部分です。減少はあったけれども、試験研究費、研究開発の投資については、前年を超えていますということで、比較をした結果としてこの要件を充足している場合、**イ**と**ロ**の全てを充足しているような場合については、控除枠に5%の上乗せができますということです。

ですので、そのような場合には、25%に5%上乗せの30%、さらに【上乗せ①】の要件を充足した場合には、さらに10%、最大40%の控除ができると、控除枠が与えられるということになっています。

そして、【上乗せ②】について、前年度と解説をしましたけれども、図の※部分に、これは「基準年度試験研究費の額」ということで、「令和2年2月1日前に最後に終了した事業年度」を基準年度としていきますから、コロナ前をベースにしていきますということになっています。

そしてさらに、その下の「基準年度比売上金額減少割合は基準年度の売上に比して当期売上が減少した割合をいいます」ということで「基準年度の売上に比して」減少ということですから、基準年度、つまりコロナ前をベースに比較を取っていきますということになっていますので、ここについては確認をしておいてください。

2　研究開発税制　中小企業技術基盤強化税制

改正のポイント

○中小企業者等が試験研究費の額を支出した場合の研究開発税制
（中小企業者等の試験研究を行った場合の税額控除制度）につい
ても、一般型（旧総額型）と同様の見直しがされます。

解　説

　中小企業向けにつきましては、【改正前】、【改正後】においても、最
低限の控除率、それから最大の控除率について変更ありません。12％
から17％です。

　一方で、上乗せということで、この上乗せの部分のインセンティブの
分岐が、先ほどの大企業、中堅向けの研究開発税制の部分と同様に、9.4％
というところを分岐の割合にしています。

　ですので、この9.4％を1つの境目として、より多くの控除を受けら
れるか、受けられないかを判断できるようになっています。9.4％以下
である場合は、これは改正後においても、この中小企業技術基盤強化税
制の原則、最低限の控除割合である12％が適用となります。

　そして一方で、控除上限ですが、原則法人税額の25％に対して、【上
乗せ①-A】【上乗せ①-B】と分かれていますけれども、この①-Aにつ
いては、上乗せできるインセンティブが付されるところをどこに置いて
いるかといいますと、控除率と同様に9.4％を基準としていますので、
9.4％を超えた場合には10％の控除が上乗せできますということになり
ます。

　同様に①-Bに関しても、これを満たしている場合には、最大で10％
控除が上乗せ、控除枠を拡大できますということになりますので、いず

	【改正前】	【改正後】
控除率	中小企業者等の場合、12〜17% 【上乗せ①】控除率 ①増減試験研究費割合＞8% 　12%＋（増減試験研究費割合－8%）×0.3 　（17%上限） ②増減試験研究費割合≦8% 　12% 【上乗せ②】 試験研究費の額＞平均売上金額×10% 控除率×（試験研究費割合－10%）×0.5 加算 （上限法人税額10%）	中小企業者等の場合、12〜17% 【上乗せ①】控除率 ①増減試験研究費割合＞**9.4%** 　12%＋（増減試験研究費割合－**9.4%**） 　×**0.35** 　（17%上限） ②増減試験研究費割合≦**9.4%** 　12% 【上乗せ②】 試験研究費の額＞平均売上金額×10% 控除率×（試験研究費割合－10%）×0.5 加算 （上限法人税額10%）
控除上限	【原則】法人税額×25% 【上乗せ①-A】 　中小企業者等の増加率が8%超の場合 　法人税額の10%上乗せ 　　　　OR 【上乗せ①-B】 試験研究費の額＞平均売上金額×10% 0〜10%上乗せ（上限法人税額10%）	【原則】法人税額×25% 【上乗せ①-A】 　中小企業者等の増加率が**9.4%**超の場合 　法人税額の10%上乗せ 　　　　OR 【上乗せ①-B】 試験研究費の額＞平均売上金額×10% 0〜10%上乗せ（上限法人税額10%） 【**上乗せ②**】 **次の要件を充足：法人税額の5%上乗せ** **イ　基準年度比売上金額減少割合≧2%** **ロ　試験研究費の額＞基準年度試験研究** **　　費の額**

適用時期　一般型（旧総額型）及び中小企業技術基盤強化税制の控除上限の上乗せ②については、令和3年4月1日〜令和5年3月31日までの間に開始する各事業年度について適用されます。

れかでもって選択できますから、25％に10％、35％の控除枠まで上乗せができますということになっていました。

　これに付け加えて、今回コロナ後の足元の対策ということで、売り上げが減少しているにもかかわらずというところが、6頁と同様の要件が付されておりまして、この要件を充足した場合には、法人税額の5％の上乗せがありますということになっていますので、この5％を上乗せしたならば、25％プラス5％、さらに上乗せの①-A or ①-Bということで10％乗せられますので、合計で40％まで控除の上乗せができます、控除枠を使うことができますということになっていますので、こちらをご確認ください。

3 研究開発税制 試験研究費の定義

〇企業のデジタルトランスフォーメーションを促進する観点から、クラウド環境で提供するソフトウェアなど自社利用ソフトウェアの普及が拡大していることも踏まえ、ソフトウェア分野における研究開発を支援するため、自社利用ソフトウェアの取得価額を構成する試験研究に要した費用が研究開発税制の対象に追加されます。

解 説

　では、2頁で解説をしました2本目の柱です。「**改正のポイント**」にもあるように、あくまでも前提としては、クラウドを通じてサービス提供を行うソフトウェア、これが前提になってきます。

　他には、業務改善目的の研究開発などについても、研究開発の中に含まれると明確化されたところが、試験研究費の定義の部分の見直しということになっています。

　こちらが、どのように具体的な見直しがされていくのかについては、通達になるのか、あるいはQ&Aになるのかというところがありますが、そちらでご確認いただければと思います。

　さらに、「実務上の留意点」で、「いわゆるリバースエンジニアリングについては、新たな知見を得るため又は利用可能な知見の新たな応用を考案するために行う試験研究に該当しないものとして研究開発税制の対象外とされます」ということが記載されていますのでご確認ください。

〇研究開発税制の対象となる試験研究費の額に、パッケージソフトウェアと同様にクラウド環境で提供するソフトウェアなど自社利用ソフトウェアの取得価額を構成する試験研究に要した費用が追加されます。

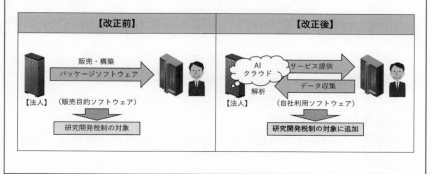

 いわゆるリバースエンジニアリングについては、新たな知見を得るため又は利用可能な知見の新たな応用を考案するために行う試験研究に該当しないものとして研究開発税制の対象外とされます。

4 研究開発税制 オープンイノベーション型

改正のポイント

○産学連携の更なる活性化を図るため、オープンイノベーション型
　の対象範囲に国公立大学・国立研究開発法人との共同・委託研究
　を追加し、共同・委託研究先である特別研究機関等に人文系の研
　究機関が追加されます。
○大学等及び特定中小企業者等の共同・委託研究につき要件が追加
　されます。

解　説

　2頁で解説をしました3本目の柱です。こちらにつきましては、2点
見直しが入っています。

　まず1点目としましては、対象範囲の拡充です。図のとおり、対象と
なってくる範囲に国公立大学・国立研究開発法人の外部化法人が設立で
きることになりましたので、特別研究機関等の人文系の研究機関ととも
に加わっています。

　2点目としては監査手法の明確化・相手方のプロセスの合理化です。
実際に適用を受けるに当たって、監査や相手方においての確認プロセス
などがありますが、そういったところについて手続き部分の明確化・合
理化などがされていくということになります。

試験研究の類型	対象範囲	控除率
共同試験研究 委託試験研究	特別研究機関等（人文系の研究機関）	30%
	大学等	
	研究開発型ベンチャー	25%
	国公立大学・国立研究開発法人の外部化法人	
	その他の者（民間企業等）	20%
	技術研究組合	
委託試験研究	特定中小企業者等	
知的財産権の使用料	特定中小企業者等	
希少疾病用医薬品等に関する試験研究・特定用途医薬品等に関する試験研究		

【要件の追加】
①大学等との共同研究・委託研究の要件追加
　契約上の試験研究費の総見込額が50万円を超えるものに限定（中小企業者等については、金額要件はありません。）
②特定中小企業者等への委託研究の要件追加
　次の要件を満たすものに限定されます。
　イ　受託者の委託に基づき行う業務が、受託者において試験研究に該当するものであること。
　ロ　委任契約等において、試験研究の成果を委託法人が取得するものとされていること。

○「2050年カーボンニュートラル」を達成するため、一定の要件
　を満たす省エネ・脱炭素化に資する最新設備の導入投資等につい
　て税額控除又は特別償却ができる措置が創設されます。

解　説

　「2050年カーボンニュートラル」につきましては菅総理大臣が国際的
に公約している部分になります。よって、政府としては達成しなければ
ならないという目標になってきますので、この部分については、税額控
除のインセンティブを付すことによって、企業の投資を促したい、促進
したいという制度になっています。欧米も含めて、EUなども取り組ん
でいますので、世界的な取り組みの枠の中で日本も達成する必要性があ
るという内容です。

　具体的に見ていきますと、図の**【税額控除】【特別償却】**があります
けれども、税額控除については5％又は10％認められています。対象法
人はといいますと、図の1行目です。「青色申告書を提出する法人」と
いうことで、これは法人の規模については制限が置かれていません。

　一般的には、税額控除については、中小企業者が前提になってくるわ
けですが、国として取り組まなくてはいけない課題になっていますので、
大企業であればなおさら頑張ってほしい。一方で、中小企業であっても
取り組めるところは積極的に取り組んでもらいたいということで、ここ
については、法人規模の制限は置かれていません。

　では、内容を具体的に見ていくと、図の真ん中辺りに「中長期環境適
応計画（仮称）の経済産業大臣認定要件」ということで、①、②と挙がっ

○青色申告書を提出する法人が中長期環境適応生産性向上設備（仮称）又は中長期環境適応需要開拓製品生産設備（仮称）を**令和6年3月31日までに取得**した場合には、その取得価額につき税額控除又は特別償却の選択適用ができる措置が講じられます。

【税額控除】	【特別償却】
5%	50%
温室効果ガスの削減に著しく資するものについては10%	

※設備投資総額のうち本制度の対象となる金額は500億円が限度となります。

○中長期環境適応計画（仮称）の経済産業大臣認定要件

① 中長期環境適応生産性向上設備
　事業所等の単位で炭素排出量1単位当たりの付加価値額（経済活動炭素生産性）の目標が、「3年以内に7％又は10％以上向上」を満たす計画であること。
② 中長期環境適応需要開拓製品生産設備
　イ　中長期環境適応需要開拓製品（燃料電池・パワー半導体等のうち特に優れた性能を有するもの）の生産を行うために不可欠な機械装置であること。
　ロ　専ら中長期環境適応需要開拓製品の生産に使用されること。

 実務上の留意点 税額控除額は、デジタルトランスフォーメーション投資促進税制による税額控除との合計額で当期の法人税額の20％を上限とします。

ています。例えば①については、「付加価値額の目標が、「3年以内に7％又は10％以上向上」」であるとか、②イの括弧書き、製品の生産ということで、燃料電池などですから、技術レベルが非常に高い会社を前提にしています。どちらかというと、大企業向けの制度になってくるのではないのかなというところになります。

「実務上の留意点」のほうにも記載されていますが、DX投資促進税制と合わせて税額控除の上限は法人税額の20％というところが上限となっています。

改正のポイント

〇企業変革を進めるためのデジタル技術に関する一定の投資に関
し、投資額の特別償却又は税額控除を認める措置が新たに設けら
れます。

解　説

　ウィズコロナ、ポストコロナといわれる中、今の時代、新たな日常、
新たな時代を再構築していくためのデジタル技術の活用ということで、
アナログからデジタルへの変革を進めクラウドとつながっていくことを
念頭に置いた制度創設になっています。

　他にも、レガシーシステムの温存、拡大を避けたいということも掲げ
られています。イメージとしては工場の生産ラインで、古い機械ばかり
で、止まったりしたときに、加減を分かっている人がうまいことやって
あげると、また動き始めたりすることがあります。典型的な非効率です。
その人がいないときだったりすると、止まったままになってしまうとか、
そんなイメージです。そういった非効率、非生産的なものを残していき
たくないということで、今回コロナによって苦しんでいる部分はありま
すが、反面、社会の問題を明らかにした部分もありますので、そういっ
た非生産的、非効率的なシステム部分を改善していきましょうというこ
とで、今回、デジタルトランスフォーメーション（DX）投資促進税制
が導入されています。

　具体的に見ていきますと、こちらも国としての課題、国を挙げて取り
組むべき課題になっていますので、図の1行目に、「以下の要件をすべ
て満たす法人」として、①で青色申告書を提出している法人となってい

○企業変革を進めるためのデジタル技術に関する一定の投資に関し、以下の要件をすべて満たす法人は税額控除又は特別償却を選択適用することができます。
① 青色申告書を提出していること。
② 産業競争力強化法の事業適応計画（仮称）について認定を受けていること。
※ただし、大企業の税額控除不適用措置に該当する場合を除く。

○適用対象資産及び特別償却及び税額控除の割合については以下の通りとなります。
（制度対象投資金額の上限は300億円）

対象資産	特別償却	税額控除（※3）
ソフトウェア 繰延資産（※1） 機械装置及び器具備品（※2）	30%	3% （グループ（※4）外の事業者とデータ連携する場合には5%）

※1 事業適応を実施するために必要なソフトウェアの利用に係る費用の支出が該当します。
※2 適用要件を満たすソフトウェア又はその事業適応を実施するために必要なソフトウェアとともに事業適応の用に供するものであり、開発研究用のものは除かれます。
※3 カーボンニュートラルに向けた投資促進税制による控除税額との合計で法人税額の20%までが上限となります。
※4 「グループ」とは、会社法上の親子会社関係によって構成されるグループを指します。

適用時期 産業競争力強化法の改正施行の日から令和5年3月31日までの間に認定を受けた投資に対し適用されます。

ますから、こちらについても、法人の規模は、要件とはされていません。

さらに、②で「産業競争力強化法の事業適応計画（仮称）について認定を受けていること」とあります。DX要件等があるかと思いますので、そちらの要件等を確認しながら認定を受けられるように整えていくことになっていきます。

対象資産、控除などについては、「適応対象資産及び特別償却及び税額控除の割合」ということで記載されていますが、対象資産については、ソフトウェア、繰延資産、機械装置及び器具備品となっています。この対象資産については、繰延資産については、※1です。「事業適応を実施するために必要なソフトウェアの利用に係る費用の支出」ということで、初期費用などをイメージしているかと思います。

一方で※2は「適用要件を満たすソフトウェア又はその事業適応を実

施するために必要なソフトウェアとともに事業適応の用に供するもの」とありますから、この機械装置や器具備品については、ソフトウェアと連携して使用するものを前提にしています。

そして、税額控除のほうは、3％又は5％となっていますが、この5％については、「グループ外の事業者と連携する場合」ということになっていますので、そのグループ外をうたう前提としてのグループとはどんなものかといいますと、※4です。「会社法上の親子会社関係によって構成されるグループ」ということになっています。

こちらについては、特別償却も選択できるわけですけれども、税額控除については、※3です。こちらにも記載されていますように、14頁のカーボンニュートラルによる「税額控除との合計で法人税額の20％を上限」としますということになっていますから、ご注意ください。

さらに、14頁のカーボンニュートラルと同様で、DXにつきましても、適用時期があります。適用時期は「産業競争力強化法の改正施行日から令和5年3月31日までの間に認定を受けた投資に対し」ということですので、カーボンニュートラルのほうにつきましても、適用期間がありますので併せて確認をしておいてください。

カーボンニュートラルについては、図の2行目、「令和6年3月31日までに取得」ということになっていますので、こちらをご確認ください。

7　繰越欠損金の控除上限の特例の創設

改正のポイント

○コロナ禍にある企業が企業変革のために投資を行うことを促進するため、一定の要件を満たす場合には、繰越欠損金の控除限度額を100％に引き上げる特例が創設されます。

解　説

　繰越欠損金の控除上限の特例は、成長志向による法人税改革とずっといわれ指向してきたわけですが、今回につきましては、コロナ対策ということで、内容としては青色申告法人の過年度の欠損金について一定の期間、控除限度を引き上げるということです。

　では、大企業についてはどの程度控除できるかといいますと、中小企業の100％に対して、50％までしか控除できないというところが制限、限度になっています。これにつきまして、今回コロナという未曽有の事態ということもありますので、臨時、異例の特例的な措置としてコロナ後2年間に限定はされていますけれども、コロナ禍の中でも投資の意欲を失わず、前向きに構造改革に取り組んでいるような企業を支援するということで、前倒しで投資したこの投資による損失については、本来であれば50％ずつ、最大10年間かけて控除というのが制度の内容ですけれども、今回この特例を設けることによって、10年ではなく、図にあるように「初めて所得が生じた事業年度から5年間。ただし、令和8年4月1日以前開始事業年度に限ります」ということで制限が設けられていますが、この期間内に限って100％控除を認めるということになります。

　10年間かけて順次控除する部分をグーッと前倒しして、早期の控除を認めることによって、企業の所得が生じるということですから、回復

をしたときにそこの部分について、所得を控除することによって税額を減額、早期に減免できるように、その税額の部分についても新たに企業が回復する材料にしてもらえるようにということで、早期の控除ができるようになっています。

　図を見ますと内容として「青色申告書を提出する法人」とありますが、「事業適応計画（仮称）に基づく投資」ということですから、この事業適応計画に基づく投資が、どのようなものになるのかを今後見ていかなければならないでしょう。控除上限については、※に「欠損金の控除限度額の引き上げは、事業適応計画（仮称）に従って行った投資額に達するまでの金額を上限」とあるように投資の範囲内ということですから、投資額を上限として控除することができるという制度の作りになっています。

○青色申告書を提出する法人で**事業適応計画（仮称）に基づく投資**を行うものの繰越欠損金について以下の措置が講じられます。

	【内容】
特例対象欠損金額	令和2年4月1日から令和3年4月1日までの期間内の日を含む事業年度に生じた青色欠損金額
欠損金の控除限度額	最大5年間、繰越欠損金の控除限度額**100％**（＝中小法人以外の法人の控除額50％から100％に引上げ） ※この特例における欠損金の控除限度額の引き上げは、事業適応計画（仮称）に従って行った投資額に達するまでの金額を上限とします。

○イメージ：中小法人以外の３月決算法人の場合

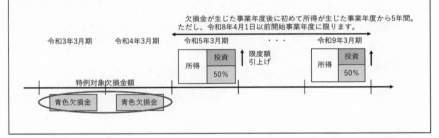

8 給与等の引き上げ及び設備投資を 行った場合の税額控除制度の見直し

改正のポイント

○国内新規雇用者に対して給与等を支給する場合、下記の税額控除 の適用があります。

解　説

　ここでは大企業、中堅企業向けとして、26頁では「所得拡大促進税 制の見直し」ということで、中小企業者等、中小企業向けの制度の見直 しがされています。

　まずは全体像を確認しておきますが、「**改正のポイント**」としては2 つあります。まず、1つ目ですが、適用期限が延長されました。今後も 賃上げ税制については活用することができます。

　そして、2つ目ですが、制度についての目的です。制度の目的が方針 転換・変更されています。では、なぜこの方針転換を行ったのかといい ますと、現在コロナの影響がありますので、そのコロナ対策の一環とし て、賃上げ税制について方針転換がされています。

　では、具体的に「給与等の引き上げ及び設備投資を行った場合」とい うことで、大企業、中堅企業向けの内容を確認していきます。

　こちらにつきましては、以前まではこの見出しにもありますように、 「給与等の引き上げ」の賃上げの部分と、あとは「設備投資を行った」 ということで、賃上げプラス設備投資、これを行った場合のインセンティ ブという位置付けだったわけですけれども、今回コロナ禍の影響で、何 が起きているかというとリーマン・ショック以来の大学生の就職内定率 の減少が起きています。

　具体的には、文部科学省や厚生労働省がまとめた資料などに記載され

ていますが、令和２年度大学卒業予定者の就職内定状況調査によると、リーマン・ショック時は7.4％の減少で、今回のコロナでは7％の減少が起きています。こういった状況の中で、第二の就職氷河期をつくらないということを国側は課題・目的にしています。

それではどのようになったかといいますと、賃上げと設備投資というところから、今回は人材確保を促進する制度に変更されています。今までは賃上げや設備投資を行うことによって個人の所得、あるいは設備投資を行うことによって、その設備関係、購入してもらった企業は所得が増えるということで、経済を回し消費を増やしていきましょうというところに目的があったわけですが、今回は、とにもかくにも雇用情勢の変化に対応して、第二の就職氷河期をつくらないように、制度が設計変更されています。

ですので、図のように【改正前】については、【要件】の①部分ですけれども、「継続雇用者給与等支給額が前年度から３％以上増加」そして②で、設備投資という部分で、「国内設備投資額が当期減価償却費の95％以上」こういったところが要件に挙がっていました。

この部分について改正がありまして、まず、「継続」という部分について、この部分については、適用年度と前年度を前提にしているわけですけれども、そうではなく、【改正後】については、①に挙がっていますように、「新規雇用者給与等支給額」ということで、新規の雇用を前提にした制度に変更されています。

こちらにつきましては、※１で新規雇用者給与等支給額については、「国内の事業所で新たに雇用した雇用保険法の一般被保険者の雇用した日から１年以内に支給する給与等の額」となっています。新規の雇用、これを前提にしています。

そして要件の部分、先ほど確認した【改正前】の②、設備投資要件がありましたが、【改正後】においては、そちらがなくなっていますので、設備投資は要件とせず、とにかく人材を新たに確保してほしい、人材確

保の促進制度になっています。

　他にどのようなところが変更されたかといいますと、具体的な税額控除の部分について、「控除対象新規雇用者給与等支給額」ということで、こちらは※2です。要件の部分と異なり、要件の部分の※1では、「雇用保険法の一般被保険者」という前提が置かれていたわけですけれども、控除対象としては、「新たに雇用した者」となっていますから、雇用保険法の一般被保険者というところは前提にされていませんので、実際にこれから控除していく際には、この部分については、注意を要する部分になっていくのではないかと思います。

　細かい部分でいいますと、上乗せの部分があるわけですが、上乗せについても対象になってくる部分が、「控除対象新規雇用者給与等支給額」ということで、こちらを対象にしているということ、あとは、教育訓練費です。教育訓練費の部分についての要件が、「前期・前々期の平均額」に対して、今回の改正で「前期から」ということで、前期との比較のみになっておりますので、こちらも確認をしておいてください。

　要件の部分については、改正前の部分については、「前年度から3％以上増加」とありましたけれども、改正後については、「前年度から2％以上増加」ということで、3％から2％に要件のハードルが引き下げられており、ここは適用を受けやすくなっています。

　「実務上の留意点」としては、変わらず、「設立事業年度は対象外」になっておりますので、こちらは引き続きご確認ください。

	【改正前】	【改正後】
【要件】	①**継続雇用者給与等支給額**（※3）が前年度から3%以上増加 ②国内設備投資額が当期減価償却費の95%以上 ③雇用者給与等支給額が前年度を上回ること	①**新規雇用者給与等支給額**（※1）が前年度から2%以上増加（雇用調整助成金等は控除しません） ②雇用者給与等支給額が前年度を上回ること
【税額控除額】	上乗せなし：**雇用者給与等支給額の**対前年度増加額 ×15%	上乗せなし：**控除対象新規雇用者給与等支給額**（※2）×15%（雇用者給与等支給額の対前年度増加額を上限）
	上乗せあり：**雇用者給与等支給額の**対前年度増加額 ×20% 要件：教育訓練費が前期・前々期の年平均額から20%以上増加	上乗せあり：**控除対象新規雇用者給与等支給額**（※2）×20%（雇用者給与等支給額の対前年度増加額を上限） 要件：教育訓練費が前期から20%以上増加
	控除限度額（上限）　法人税額×20%	控除限度額（上限）　法人税額×20%

（※1）国内の事業所で新たに雇用した雇用保険法の一般被保険者の雇用した日から1年以内に支給する給与等の額をいいます。

（※2）国内の事業所で新たに雇用した者の雇用した日から1年以内に支給する給与等の額をいいます。

（※3）国内雇用者のうち前年度からすべての月で給与等の支給がある一定の者（継続雇用者）のその支給額をいいます。

 実務上の留意点　設立事業年度は対象外になります。

適用時期　令和3年4月1日から令和5年3月31日までに開始する各事業年度について適用されます。

9 所得拡大促進税制の見直し（中小企業者等）

改正のポイント

〇雇用を守りつつ賃上げだけでなく雇用を増加させる企業を下支え
する観点から、下記の改正が行われます。

解 説

中小企業者等、中小企業向けについて、どのように変わったかといいますと、【改正前】については、やはり22頁の制度と同様に「継続雇用者」ということだったのですが、【改正後】については「雇用者給与等支給額」ということで、要件が変更されています。

この「雇用者給与等支給額」につきましては、あくまでも給与として支払っている金額の総額となっていますから、こちらについては新卒の採用や、継続雇用者についての前年度からの増加ということではなく、あくまでも適用年度とその前年が対象となりますので、継続雇用者というところの比較ではなくて、単純に給与総額の部分が「前年度から1.5％以上の増加」をしているかということですから、雇用をとにかく守るというところが要件になっています。今までは所得拡大促進税制だったのですが、雇用を守る制度に変更されています。

こちらにつきまして注意していただきたいのは図の※の部分です。※1、※2にありますように、雇用者給与等支給額、要件の部分の※1と、それから税額控除額の部分の雇用者給与等支給額の対前年度増加額の※2については、雇用調整助成金等があった場合には控除をしない、するというふうに分かれていますから、こちらも適用を受けるに当たっては、注意をしていく必要がある部分になります。

		【改正前】			【改正後】	
【要件】		①**継続雇用者給与等支給額**（※3）が前年度から1.5%以上増加 ②雇用者給与等支給額が前年度を上回ること			①**雇用者給与等支給額**（※1）が前年度から1.5%以上増加	
【税額控除額】	上乗せなし	雇用者給与等支給額の 対前年度増加額　×15%		上乗せなし	雇用者給与等支給額の 対前年度増加額（※2）　×15%	
	上乗せあり	雇用者給与等支給額の 対前年度増加額　×25%		上乗せあり	雇用者給与等支給額の 対前年度増加額（※2）　×25%	
		要件	①**継続雇用者給与等支給額**（※3）が前年度から2.5%以上増加 ②A・Bのいずれかを満たすこと 　A　当期教育訓練費 ≧ 前期教育訓練費×110% 　B　経営力向上の証明がされたこと		要件	①**雇用者給与等支給額**（※1）が前年度から2.5%以上増加 ②A・Bのいずれかを満たすこと 　A　当期教育訓練費 ≧ 前期教育訓練費×110% 　B　経営力向上の証明がされたこと
	控除限度額（上限）　法人税額×20%			控除限度額（上限）　法人税額×20%		

（※1）雇用調整助成金等の額は控除しません。
（※2）雇用調整助成金等の額を控除します。
（※3）国内雇用者のうち前年度からすべての月で給与等の支給がある一定の者（継続雇用者）
　　　のその支給額をいいます。

 適用時期　令和3年4月1日から令和5年3月31日までに開始する各事業年度について適用されます。

10　中小企業事業再編投資損失準備金制度の創設

改正のポイント

○中小企業の経営資源の集約化に資する税制として中小企業事業再編投資損失準備金制度が創設されます。

解　説

　こちらにつきましては、今回の改正のまさに目玉といって間違いないのかなと思います。

　内容としましては、まず図の1行目です。「経営力向上計画の認定」とありますが、それを受けた「中小企業者が株式譲渡によってM&Aを実施する場合」ということで、図に【売り手（中小企業者）】と【買い手（中小企業者）】とありますが、本制度は買い手のための制度になっています。

　この買い手がM&Aによって株式を取得しました。そしてその取得価額が10億円以下である場合については、その取得価額のうち70％以下の金額を今回準備金として積み立てたならば、損金算入できるという制度になっています。

　これにつきましては、確かにM&Aを行った事業年度については、積み立てによって損金算入ができるということになってくるわけですが、これは、そのまま損金算入ということではなくて、準備金によくある形になっていまして、5年間の据置期間を経たならば、その後5年間で均等の取り崩しを行って、益金算入をしていく必要性がありますよということですから、保険や他にもいろいろありますけれども、課税の繰り延べ制度ということになっています。

　そうはいいましても、10億円に対して70％までということで、非常

○中小企業等経営強化法の経営力向上計画（経営資源集約化措置（仮称）が記載されたものに限る。）の認定を受けた中小企業者が株式譲渡によってM&Aを実施する場合（取得価額が10億円を超える場合を除く。）において、その株式等の価格の低落による損失に備えるため、株式等の取得価額の70%以下の金額を中小企業事業再編投資損失準備金として積み立てたときは、その積み立てた金額は、その事業年度において損金算入できることとなります。（計画の認定期限：令和6年3月31日）
○この準備金は、据置期間終了後、原則として、5年間で準備金残高の均等額を取り崩して、益金算入することとなります。

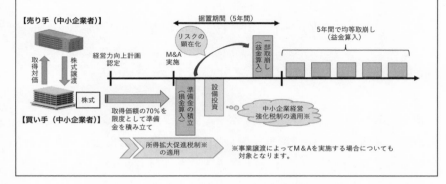

に損金算入額が大きいですから、繰り延べとしても非常に効果が高いのではないのかなと思いますので、活用が見込まれる制度になっています。

　こちらにつきまして、M&Aで取得した株式については、その後会社価値が下落していく可能性も当然ありますし、簿外債務があった場合や、偶発的な債務があったということで発生するであろうリスクについて準備金を認めるということになっていますので、そこの部分をまずはご確認ください。

　また事業というのは、ただ単に会社を取得しましたということだけでは終わりませんから、今回のM&Aを機に、実際に物や人に投資を進めていこうということが行われる可能性も当然ありますので、そのような場合については、図にもありますように、中小企業経営強化税制の適用ということで、税額控除や即時償却などが認められていたりします。一方で、人の部分については、所得拡大促進税制ということで、新たに要員、人員を確保、人を増やしたような場合については、当然、要件に合

致して適用を受けられるということになっていますので、事業を取得するための制度と併せて、物や人の部分についても支援するような制度が措置されていますので、こちらのほうの要件も確認をしておいていただければと思います。

　この制度につきましては、株式譲渡ということを前提にしていますから、事業譲渡は対象外とされています。

　そして、今後の注意点としましては、どの程度の株式の取得割合が要件とされてくるのか、同族間での売買は認められるのか、業種が問題になるのかなど、今後の情報に注目していかなければいけないところだと思います。

　また、取り崩しについてもさまざまな要件が出てくるのではないかと思います。例えば、株の譲渡や保有しなくなった場合などについては、どのように取り崩していくのか、そのような部分も併せて今後の制度の状況を見ていきたいと思います。

11　中小企業者等の法人税率の特例の延長

改正のポイント

○中小企業者等の年800万円以下の所得金額に適用される軽減税率15%（本則税率19%）については、適用期限が2年延長されます。

解　説

　現在のこの厳しい状況下で、軽減税率をやめるということは、正直、考えにくいところではありましたけれども、予想どおり延長になりました。図のほうに、「中小企業者等」に括弧書きがあります。「資本金1億円以下の法人」とありますが、当然のことながら、大法人による完全支配関係や複数の大法人によって完全支配関係がある場合、あるいは、適用除外事業者に該当しているような場合などについては従前と同様に、適用対象とはなりませんので、中小企業者等というところが前提ですというところは、あらためてご確認ください。

区分	所得金額	【改正前】		【改正後】	
		令和3年3月31日までに開始する事業年度	令和3年4月1日以降に開始する事業年度	令和5年3月31日までに開始する事業年度	令和5年4月1日以降に開始する事業年度
中小企業者等（資本金1億円以下の法人）	年800万円以下の部分	15%（軽減税率）	19%（本則税率）	15%（軽減税率）	19%（本則税率）
	年800万円超の部分	23.20%		23.20%	

適用時期　令和5年3月31日までに開始する事業年度までの適用となります。

12 中小企業投資促進税制等の延長等

改正のポイント

○商業・サービス業・農林水産業活性化税制を中小企業投資促進税
制に統合した上、適用期限を2年延長。
○中小企業経営強化税制に経営資源集約化設備を追加したうえ、適
用期限を2年延長。

解　説

　図をご覧ください。中小企業経営強化税制につきましては、A類型、
B類型、C類型ということで、今までは3つの類型が認められていました。
そちらについて即時償却又は税額控除7％、10％がありましたが、その
類型の中に新たにD類型ということで、「経営資源集約化設備」という
ものが新設されました。

　その下の、中小企業投資促進税制についてですが、枠の中に書いてあ
ります「商業・サービス業・農林水産業活性化」ということで、別途税
制措置されていたわけですが、こちらにつきましては適用期限をもって
廃止ということになっています。廃止されてどうなっていくかといいま
すと、中小企業投資促進税制のほうに組み込まれる形になります。制度
が引っ越していくと、取り込まれていくというところが、まずあります。

　その取り込まれる過程の中で何があるのかといいますと、中小企業投
資促進税制の対象事業の拡充ということで、対象事業が広がっています。
これが商業・サービス業・農林水産業の中で適用対象とされた事業のう
ち、中小企業投資促進税制のほうでは措置されていなかった事業が付け
加わりました。

　これが今まで税制が制度に組み込むことを嫌がっていた不動産業や、
あるいは、料亭等ということで、この「等」については、バーやキャバ

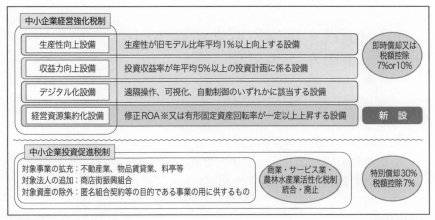

実務上の留意点　※ROA：総資産利益率
中小企業投資促進税制と中小企業経営強化税制と合わせて法人税額の20%が税額控除
の上限

適用時期　令和5年3月31日までの間に事業の用に供した資産に適用

レー、ナイトクラブなど、一定のものが新たに対象とされていますので
ご確認ください。さらに対象法人も、商店街振興組合ということで、現
下の状況を表しているような法人が追加されています。

　こちらについては、税額控除の部分なども、「実務上の留意点」とし
て記載されておりますので、併せてご確認ください。

13 地域未来投資促進税制の見直し及び適用期限の延長

改正のポイント

○地域経済牽引事業の促進区域内において特定事業用機械等を取得
した場合の特別償却又は税額控除制度（地域未来投資促進税制）
について見直しのうえ、適用期限を２年延長。

解　説

　こちらについては一定の見直し、新設や追加の部分がありつつ、期限
延長もされておりますので、図をご確認いただければと思います。

〇サプライチェーン強靭化に資する類型の新設及び制度の見直し（適用対象法人及び適用要件の変更はなし）

		【改正前】	【改正後】	【新設】
事業の先進性に関する基準の見直し	先進性の評価にあたり評価委員が下記取組みを指標として評価 ・製品の先進性 ・販売方式の先進性 ・役務の先進性 ・提供方式の先進性	従来の類型	サプライチェーンの強靭化に資する類型
		〈追加〉 投資収益率又は労働生産性伸び率が一定水準以上見込まれることを確認	海外に生産拠点が集中している一定の製品の製造をすること及びその地域経済牽引事業計画が実施される都道府県の行政区域内でのその製品の承認地域経済牽引事業者の取引額の一定水準以上の増加が見込まれることを確認
特定非常災害に関する特例の見直し	承認地域経済牽引事業の実施場所が生産活動の基盤に著しい被害を受けた地区であって当該計画の承認を受けた日が特定非常災害発生日から起算して5年又は3年経過してないこと	承認地域経済牽引事業に係る地域経済牽引事業計画の承認を受けた日がその特定非常災害発生日から1年を経過していない場合とし、対象となる区域を特定非常災害により生活活動の基盤に著しい被害を受けた地区のうちその特定非常災害に基因して事業又は居住の用に供することができなくなった建物等の敷地等の区域	

 実務上の留意点　特別償却及び税額控除の要件として投資収益率及び労働生産性の伸び率が一定水準以上見込まれることが追加

 適用時期　令和3年4月1日から令和5年3月31日までの間に事業の用に供した資産に適用

14 大企業の税額控除不適用措置の見直し

改正のポイント

○税制改正に伴い、大企業につき税額控除を受けられないとする措
置について、適用される税制が追加されます。

○賃上げ要件の判定が見直されます。

○適用期限が3年間延長されます。

解　説

　「**改正のポイント**」にあるとおり、不適用措置の対象となる部分の判
定については、従前と変わらず所得、あるいは賃上げ、設備投資という
ことで、そこに変更はありません。

　では、何が変わったのかといいますと、まず「適用期限が3年間延長
されます」というところと、あとは図のほうで具体的に見ていきますが、
この制度の適用対象、不適用措置の対象になってくる税制が追加されま
した。今回改正によって創設されましたカーボンニュートラル、DX投
資促進税制が**【改正後】**は付け加わっていますということと、あとは、
賃上げ要件の判定に当たって、雇用調整助成金、これに類するものは控
除しませんということになっていますので、こちらの部分も変更として
見ておいてください。

○適用税制の追加

　税制改正に伴い、大企業につき税額控除を受けられないとする措置について、カーボンニュートラルに向けた投資促進税制及びデジタルトランスフォーメーション投資促進税制が加えられることになります。

	【改正前】	【改正後】
適用税制	①研究開発税制 ②地域未来投資促進税制 ③5G投資促進税制	①研究開発税制 ②地域未来投資促進税制 ③5G投資促進税制 **④カーボンニュートラルに向けた投資促進税制** **⑤デジタルトランスフォーメーション投資促進税制**

○賃上げ要件の判定の見直し

　継続雇用者給与等支給額が継続雇用者比較給与等を超えるか否かの判定を行う際に、雇用調整助成金及びこれに類するものを控除しないこととなります。

○適用期限の３年延長

	【改正前】	【改正後】
適用期限	令和３年３月31日	**令和６年３月31日**

○会社法の見直しにより「株式交付制度」が新たに創設されます（令
和3年3月施行）。
○当制度を活用した機動的な事業再構築を促す観点から、譲渡した
対象会社株式に係る譲渡損益課税が繰り延べられます。

解　説

　「**改正のポイント**」にもありますように、「株式交付制度」といったほ
うが分かりやすいかもしれません。令和2年に会社法の見直しがありま
して、その会社法が令和3年3月1日以降に施行されていきます。

　これに対して税制上の措置として設けていく必要性があるわけです
が、令和2年度税制改正大綱、税制改正においては、検討事項というこ
とで、一度改正を見送っています。今回の令和3年度税制改正大綱にお
いて、満を持して改正の方向性が示されたということになっています。

　図にありますように、仮にP社がS社を子会社にしたいといった状況
のとき、TOBによる企業買収の場面をイメージしていただければよろ
しいかと思います。そのようなときにP社からすればS社の株主に対し
て、株式の譲渡を呼びかけていきます。

　そうなったときに対価として金銭を交付することもあれば、自社の株
式を交付することもあるかと思います。その対価について、自社の株式
も交付することができるように今回会社法改正により設けられた制度が
「株式交付制度」ということになっています。

　もともと株式交換という制度があり、こちらは完全子会社化を目的と
したものということですから、100％の子会社化を行うときの制度で、

○買収会社（下図 P社）が対象会社（下図S社）をその子会社とする場合には、P社の株式をS社株主に交付することができ、その場合、対象会社株主（下図S'）にて発生する譲渡損益の課税は繰り延べられることになります（所得税も同様）。

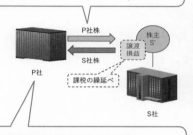

対価のうち、80％以上が買収会社の株式であることが求められます。繰り延べる損益は、株式に対応する部分のみになります。

参考：会社法の見直し

	現行	株式交付制度
検査役調査	原則として必要。	適用なし
不足額填補責任	責任を負う可能性あり。	適用なし
株主総会特別決議	買収会社にて必要となる可能性あり。	適用なし

以下の書類を確定申告書に添付する必要があります。
（株式交換・株式移転も同様）
・株式交付計画書
・株式交付に係る明細書
・交付した資産の数又は価額の算定の根拠を明らかにする事項を記載した書類

実務上の留意点 株主が外国法人の場合、恒久的施設で管理する株式に対応して交付を受けた部分のみ課税が繰り延べられます。

対価については、株式、金銭といずれも使うことができます。

　また、株式交換の場合には会社法上の制度があり、かつ、これについて税制上の措置として、原則株式のみで移転を行ったような場合については適格ということで課税の繰り延べがされ、原則金銭が交付されているような場合には、これは非適格ということで、そのタイミングで課税がされるということになりますが、適格であれば課税の繰り延べを行うことができるので、そういう意味では、株式交換を行ったことによって納税が発生するから株式の譲渡は嫌だというようなことは生じないようになっていました。

　一方で、一部を取得して子会社化するような場合については、株式交

換は100％を前提にしていますので、それは使えません。では、どのようにしたらいいのかということで、今までは、産業競争力強化法というものでもって、この株式交付制度を認めていました。税制上もそこについては課税の繰り延べができるようになっていたわけですが、こちらについては、ちょっと要件が厳し過ぎて、実際はあまり適用されていない現状がありましたので、今回会社法の改正を含めまして、恒久的な措置として株式交付制度が設けられているということになっています。

　こちらにつきましては、「子会社とする場合」ですから、議決権割合50％超です。その場合において、P社株式をS社株主に交付することができ、対象会社株主において発生する譲渡損益課税の繰り延べができるということになっています。

　そして、非常に特徴的なのは、「対価のうち、80％以上が買収会社の株式であることが求められます」という部分です。その課税の繰り延べがされるのは、あくまでも株式対応部分のみということになりますが、金銭交付があったとしても課税の繰り延べの対象になってきます。

　これについては、今まで税制側では対価が原則株式のみであることを繰り延べの条件としていました。適格要件の1つとしていましたから、そこの部分については、株と金銭が双方あったとしても、これについては繰り延べの対象となります。当然、割合の部分の限度がありますけれども、繰り延べの対象としてくれるということで、非常に対価の部分についての柔軟性が図られました。今後この制度を活用して企業買収をしていくケースが増えていくのではないのかなと考えます。

　実際、企業からすれば、金銭だけで買収するよりも、株式も交付した上で、この課税の繰り延べなどが使えたほうが選択の自由度が圧倒的に高まります。なぜかといいますと、まずは、そもそも対価を何で渡すかというのは、企業それぞれの財務状況などで判断することですし、さらにいうならば、金銭のみではなく、株式と混合して、ミックスして対価とする選択肢があることによってその株式を持ってもらうということ

で、成長を共にする、今後の成長を一緒に行っていくということを新たな株主として取り込むこともできるからです。今までの株主を既存の株主として取り込むこともできるわけですから、これは企業からすれば戦略が拡がるということになってきます。これはある意味非常に有効な、有用な制度になっていくのではないのかなと考えられます。

　ただ、株式交換とはいくつか違いがあります。例えば法人について、買収の側の法人については、株式交換制度では持株会社も含めていたわけですけれども、こちらの株式交付制度では、株式会社のみとなっています。

　さらに、これは大きな特徴ですが、株式交換は全部取得のみが前提でしたけれども、株式交付につきましては部分取得ができます。嫌だったら断る人がいてもいいという制度になっていますから、そこが大きな違いです。

　また子会社化するためですから、既に子会社になっている、既存の子会社を持分法適用まで引き上げようとするケースや、子会社にならない程度に持分を拡大していきたいというようなケースについては適用されませんので、ご注意いただければと思います。

　併せて、産業競争力強化法の株式交付制度については、今回この株式交付制度の導入に伴い、適用期限をもって廃止となっていますので、そちらもご確認ください。

16 中小企業者等の貸倒引当金の特例における法定繰入率の見直し

改正のポイント

○中小企業者等の貸倒引当金について、一部の業種で法定繰入率が
見直されます。

解　説

　対象事業者に該当する方は割合のほうを確認しておいてください。図
にあるように1,000分の13から、1,000分の7に引き下げられております
から増税ということになっています。

○中小企業者等（※）の貸倒引当金の特例について、下記の通り法定繰入率が引き下げられます。

業　種	【改正前】	【改正後】
卸売業及び小売業	1,000分の10	1,000分の10
製造業	1,000分の8	1,000分の8
金融業及び保険業	1,000分の3	1,000分の3
割賦販売小売業並びに包括信用購入あっせん業及び個人信用購入あっせん業	1,000分の13	**1,000分の7**
上記以外の事業	1,000分の6	1,000分の6

※中小企業者等とは、次のものをいいます。
①普通法人のうち、各事業年度終了の時において資本金の額若しくは出資金の額が1億円以下
　であるもの（資本金の額若しくは出資金の額が5億円以上の法人又は相互会社の100％子法
　人等は除かれます。）又は資本若しくは出資を有しないもの。
②公益法人等又は協同組合等・法人税法以外の法律によって公益法人等とみなされる法人
③人格のない社団等

17　医療用機器等の特別償却制度

改正のポイント

○医療用機器等を事業の用に供した場合の特別償却制度について、制度の適用が2年延長されます。

○診療所における全身用CT及び全身用MRIの配置効率化等を促すための措置が講じられます。

○対象となる医療用機器等について、見直しが行われます。

解　説

この制度の対象となる者は「**青色申告書**を提出する**個人**若しくは**法人**で**医療保健業**を営むもの」です。

この制度の対象資産及び特別償却額は次の通りです。

○制度の概要

	医療用機器	勤務時間短縮用設備等	構想適合病院用建物等
対象資産	医療用の**機械装置・器具備品**（高度な医療の提供に資するもの若しくは先進的なもの）で取得価額が**500万円以上のもの**	**器具備品**（医療用機械装置を含む）・**ソフトウェア**で取得価額が**30万円以上のもの**	医療法第30条の14第1項に定める構想区域等内において取得等する病院又は診療所用**建物**及びその**建物附属設備**
特別償却額	取得価額の**12%**相当額	取得価額の**15%**相当額	取得価額の**8%**相当額

○本年度の改正により適用期限が2年延長されます。

	【改正前】	【改正後】
適用期限	令和3年3月31日	**令和5年3月31日**

 実務上の留意点　この制度は法人税及び所得税について適用があります。

18　業績連動給与の拡充

改正のポイント

〇特定投資運用業者に該当する法人の業績連動給与の損金算入要件について、一定の要件を満たすことで提出した金融商品取引法の事業報告書が有価証券報告書とみなされることとなります。

解　説

　こちらにつきましては、非常に狭いところの会社を対象にしています。非上場のファンド系のうち、さらに限られた会社が対象というようなイメージですから、非常に限られた範囲の会社が対象になっています。

	【改正前】	【改正後】
業績連動給与対象会社	内国法人（同族会社にあっては同族会社以外の法人と完全支配関係があるものに限る）	左記に投資家の事前承認要件※を満たした特定投資運用業者※を追加
適用要件	算定方法の内容が有価証券報告書での記載等により開示されていること	特定投資運用業者については、提出した金融商品取引法の事業報告書で金融庁長官によりインターネットに公表されたものは左記の有価証券報告書とみなされ、一定の要件を満たした場合、開示要件を満たすものとされます。

※特定投資運用業者とは、その事業年度の収益の額の合計額のうちに占める金融商品取引業者等の投資運用業等に係る収益の額の合計額の割合が75％以上である法人（有価証券報告書提出会社及びその完全子法人を除く）をいいます。
※投資家の事前承認要件とは、ファンド契約書に業績連動給与の内容について記載すること、又は事業年度開始前に投資事業有限責任組合の集会等にて業績連動給与の内容の報告がされ、かつ、異議のないことのいずれかの要件を満たすことをいいます。

適用時期　令和3年4月1日から令和8年3月31日までの間に開始する事業年度について適用となります。

19 特定公益増進法人等に対する寄附金制度における寄附金の範囲の見直し

改正のポイント

○特定公益増進法人等（※）に対する寄附金の別枠の損金算入限度額について、その対象となる寄附金から**出資業務に充てることが明らかな寄附金が対象から除外**されます。

解 説

　図にあるように、3つ見直し理由が書いてあります。租税回避を防止すべく設けられた見直しですので、確認しておいてください。

【見直し理由】
○近時の法律等改正により、出資業務が可能な特定公益増進法人が増加していること。
○**出資業務に充てることが明らかな寄附は、出資先の関係者によって行われることが容易に想定**されること。
○特定公益増進法人への寄附を介した出資が行われることで、**税制の公平性を損ねるおそれ**があること。

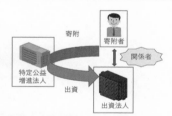

【改正前】	【改正後】
除外対象なし 参考：現行寄附制度 主たる目的である業務に関する寄附をした場合 個人は寄附金控除又は所得税額控除 法人は通常の損金算入とは別枠でその寄附金の額の合計額（所得金額及び資本金等の額を基礎として計算した額を限度）を損金算入	対象となる寄附金から**「出資に関する業務に充てることが明らかな寄附金」を除外** （例） ・寄附金の使途を出資業務に限定して募集された寄附金 ・出資業務に使途を指定して行われた寄附金

※特定公益増進法人とは、独立行政法人、一定の業務（試験研究等）を主たる目的とする地方独立行政法人、特別法により設立された法人で一定のもの（日本赤十字社等）、公益社団法人及び公益財団法人、一定の学校法人等、社会福祉法人、更生保護法人、認定NPO法人（特例）等をいいます。

実務上の留意点　寄附を行う際、寄附目的に加え、寄附者と出資先との関係性についても確認が必要です。

2. 国際課税

1 外国子会社配当に係る外国源泉税の損金算入及び外国税額控除の見直し①

改正のポイント

○内国法人が外国子会社（持株割合25％以上かつ６月以上保有）から受ける配当等の額（外国子会社配当益金不算入制度の適用を受ける部分の金額に限る。）に係る外国源泉税等の額の損金算入について、その配当等の額のうち外国子会社合算税制との二重課税調整の対象とされる金額に対応する部分に限ることとされます。

解　説

　図にありますように適正化を図り、【改正前】と【改正後】で、損金算入、損金不算入と異なっている部分があります。損金算入制度の見直しがされたということです。

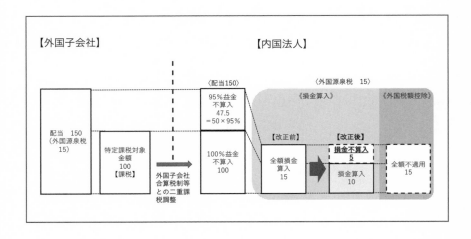

2 外国子会社配当に係る外国源泉税の 損金算入及び外国税額控除の見直し②

改正のポイント

○内国法人が外国子会社から受ける配当等の額（外国子会社配当益
　金不算入制度の適用を受けない部分の金額に限る。）に係る外国
　源泉税等の額の外国税額控除について、その配当等の額のうち外
　国子会社合算税制との二重課税調整の対象とされない金額に対応
　する部分につきその適用を認めることとされます。

解　説

　今度は、外国税額控除の制度になってきますが、**【改正前】**は全額不
適用だった部分について、一部適用が生じてきますということで適正化
を図っています。

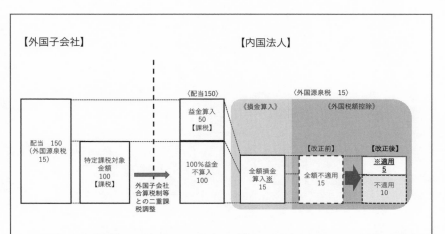

※上記により外国税額控除の適用を受ける場合には、その対象とされる外国源泉税等の額は損
　金不算入となります。

3. 消費課税

1 課税売上割合に準ずる割合の 適用開始時期の見直し

改正のポイント

○課税事業者が個別対応方式により仕入控除税額を計算する際に課税売上割合に代えて用いる課税売上割合に準ずる割合について、承認申請書提出後の適用開始時期の見直しが行われます。

○適用開始時期の見直しにより、課税期間の末日間際での承認申請でも適用を受けられるケースが増えることになります。

解 説

　図の【改正前】をご覧ください。「税務署長の承認を受けた日の属する課税期間」ということで、適用開始時期があります。【改正前】は申請書を提出し、課税期間終了日までに承認を受けておく必要性がありました。税務署長の承認が課税期間終了後であれば適用を受けられるのは、翌課税期間からでした。

　こちらについて改正されまして、「課税期間の末日の翌日以後１ヶ月を経過する日までに税務署長の承認を受けた場合には」提出日の属する課税期間についても適用することができるようになりました。実務的には非常にありがたいことです。

　結果的に承認が間に合わず適用を受けられないこともあったかと思いますけれども、今後は税務署長の承認までに１ヶ月間猶予がありますので、実際には分かりませんけれども、課税期間終了日までに申請を行っていれば、１ヶ月以内に承認を出してくれるのではないのかと思われますので、非常に使い勝手がよくなるのではないのかなと考えています。

	【改正前】	【改正後】
適用開始時期	承認申請書提出後、 **税務署長の承認を受けた日の属する課税期間**	承認申請書提出後、 提出した日の属する課税期間の末日の翌日以後1ヶ月を経過する日までに税務署長の承認を受けた場合には、**承認申請書を提出した日の属する課税期間**

○3月決算法人が3月末日に「承認申請書」を提出した場合

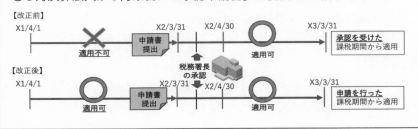

【改正前】
X1/4/1　　　　　　　　　　　X2/3/31　X2/4/30　　　　　　X3/3/31
適用不可　　申請書提出　　　税務署長の承認　　適用可　　承認を受けた課税期間から適用

【改正後】
X1/4/1　　　　　　　　　　　X2/3/31　X2/4/30　　　　　　X3/3/31
適用可　　申請書提出　　　　　　　　　　適用可　　申請を行った課税期間から適用

実務上の留意点 税務署長の承認は課税期間の末日の翌日以降1ヶ月となりますが、「消費税課税売上割合に準ずる割合の適用承認申請書」については適用を受けようとする課税期間の末日までに提出する必要があります。

適用時期 令和3年4月1日以後終了する課税期間より適用となります。

2 金地金の仕入税額控除に係る 本人確認書類の見直し

改正のポイント

○金又は白金の地金の課税仕入に係る仕入税額控除の要件として保存することとされている本人確認書類のうち、対象となっている本人確認書類の一部が対象から除外されることになります。

解 説

より一層、金地金の密輸抑止を図る観点から、仕入税額控除の要件となる本人確認書類を下記の通り見直すことになります。

区分	【改正前】	【改正後】
国内に住所を有する者	マイナンバーカードの写し、住民票の写し、戸籍の附票の写し、健康保険証の写し、国民年金手帳等の写し、運転免許証等の写し、旅券の写し、**在留カード等の写し**、国税等の領収証書の写し、その他これらに類するもの	左記から**在留カードの写しが対象から除かれます。**
国内に住所を有しない者	戸籍の附票の写し、健康保険証の写し、国民年金手帳等の写し、運転免許証等の写し、**旅券の写し、在留カード等の写し**、国税等の領収証書の写し、**その他これらに類するもの**	左記から**在留カードの写し、旅券の写し、その他これらに類するもの（外国政府発行の本人確認書類）が対象から除かれます。**

 実務上の 留意点 仕入税額控除の要件の対象となる本人確認書類を有していない者からの金地金の買取については、仕入税額控除の適用ができないのみで買取業者が金地金を買い取ることは引き続き可能です。

適用 時期 令和3年10月1日以後に国内において事業者が行う課税仕入について適用となります。

3　国際郵便による輸出免税における
証明書類の保存要件の見直し

改正のポイント

〇関税法第76条第1項に規定する郵便物（その価格が20万円を超えるものを除く）について、消費税の輸出免税の適用を受けるための輸出証明の保存要件が見直されました。

解　説

【改正後】の要件は以下の通りです。

【改正前】	【改正後】
帳簿又は郵便物の受取人から交付を受けた物品受領書等の書類の保存	日本郵便株式会社より交付を受けた郵便物の引受証及び発送伝票の控え等の保存

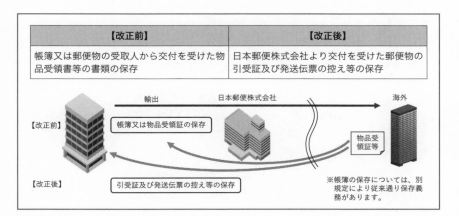

適用時期　令和3年10月1日以後に行われる資産の譲渡等について適用されます。

4 自動車重量税の見直し及び延長

改正のポイント

○自動車重量税のエコカー減税については、令和2年度燃費基準を達成していることを条件に令和12年度燃費基準の達成度に応じて減税する仕組みに切り替え、適用期限が2年延長されます。
○クリーンディーゼル車については、改正後、ガソリン車と同等の扱いとすることとなります。

解 説

　　自動車重量税の見直し及び延長と変更については、以下の通りです。
【改正後】のクリーンディーゼル車の取扱いについて注意が必要です。

	【改正前】（令和元年5月1日～令和3年4月30日）			【改正後】（令和3年5月1日～令和5年4月30日）		
区分	令和2年度基準達成率	新規登録時	初回車検時	令和12年度基準達成率（注2）	新規登録時	初回車検時
電気自動車等（注1）	—				免税	
クリーンディーゼル車	免税		段階的措置		免税（注3）	
乗用自動車	190%以上			120%以上		
	140%以上		—	90%以上		—
	120%以上	50%軽減	—	75%以上	50%軽減	—
	達成以上	25%軽減	—	60%以上	25%軽減	—

クリーンディーゼル車の取扱いに注意

（注1）EV・PHV、燃料電池車、天然ガス自動車（以下、同様）。
（注2）減税の対象は、令和2年度燃費基準を達成している車に限ります。
（注3）クリーンディーゼル車は、段階的措置により、令和4年5月1日以後は、令和2年度燃費基準達成に加え、令和12年度燃費基準120%以上達成した車のみ初回車検時も免税となります。

5 環境性能割の税率及びグリーン化特例 の見直し

改正のポイント

○目標年度が到来した（軽）自動車の環境性能割について、新たな
　燃費基準が設けられ税率の適用区分が見直されます。
○クリーンディーゼル車については、改正後、ガソリン車と同等に
　扱うことになります。なお、市場への影響を鑑み、２年間の経過
　措置が講じられます。

解　説

① 環境性能割の税率区分の見直し^(注1)

【改正前】（令和元年度、令和２年度）　　　　**【改正後】**（令和３年度、令和４年度）

区分	令和２年度基準達成率	登録車	軽自動車	区分	令和12年度基準達成率	登録車	軽自動車
クリーンディーゼル車	―	非課税（非）		ガソリン車、ハイブリット車、LPG車、クリーンディーゼル車^(注2)	85%以上	非課税（非）	
ガソリン車、ハイブリット車、LPG車	120%以上						
	110%以上	1%（非）			75%以上	1%（非）	
	達成以上	2%（1%）	1%（非）		60%以上	2%（1%）	1%（非）
上記以外	―	3%（2%）	2%（1%）	上記以外、令和２年度未達成	―	3%（2%）	2%（1%）

②　グリーン化特例（軽課）の見直し及び延長

　令和3年4月1日～令和5年3月31日の間に取得した自家用乗用車（EV・PHV、燃料電池車、天然ガス車）については、取得の翌年度分の（軽）自動車税のみ75%軽減されます。なお、PHVは、登録車のみに限ります。

（注1）改正後の税率適用は令和2年度燃費基準を達成している車に限ります。
　　　　また、令和3年4月1日から令和3年12月31日までの間に取得した自家用乗用車（新車・中古車）は、臨時的軽減の延長として、（　）内の税率が適用されます。
（注2）クリーンディーゼル車には、経過措置があります（下表）。

令和12年度基準達成率	令和3年4月～翌年3月	令和4年4月～翌年3月
60%以上	非課税	非課税
60%未満	非課税	3%

4. 個人所得課税

1　住宅ローン控除の見直し

改正のポイント

○住宅の取得等に係る消費税が10％の住宅ローン控除の控除期間
　13年間の特例措置が延長されます。
○合計所得金額が3,000万円以下の場合に床面積が50㎡以上の住
　宅が対象でしたが、合計所得金額が1,000万円以下の場合、床
　面積が40㎡以上50㎡未満の住宅も対象となります。

解　説

　住宅ローン控除が受けられる控除期間というのは、原則として10年
ですが、令和元年10月の消費税引き上げによる住宅の買い控えに備え
るために、消費税10％が適用される住宅を購入した方については、令
和2年12月31日までに居住の用に供した場合には、控除期間が原則10
年のところ13年になる特例が施行されていたのですが、ここへきて、
コロナで建築資材の輸入ができないなどの理由で、建築が思うように進
まず、令和2年の12月31日までに入居できない方も出てきてしまう、
こういう方への手当てもありまして、コロナ特例として、令和2年12
月31日とされていた期限を令和3年12月31日までに居住された方と、
1年延長しました。
　そして今回、さらに税制改正で、コロナ対策ということではなく、経
済対策として令和4年12月31日までに居住した方の控除期間が13年
と、また1年延長されました。今回はコロナ特例とは違いますので、コ
ロナのせいで入居できないなどの理由は問いません。今回、特例期間が
延長されましたが、消費増税対策、コロナ特例、そして今回の税制改正
と3段階を経て13年という控除期間の特例が延長されたということで
す。

○住宅ローン控除について、次の特例措置が講じられます。

	【改正前】	【改正後】
控除期間	13年	13年
居住要件	令和2年12月31日までに居住の用に供すること又は一定の期日（※1）までに契約した場合、令和3年1月1日から令和3年12月31日までの間に居住の用に供すること。 ※1 ・新築：令和2年9月30日まで ・建売、中古、増改築等 　：令和2年11月30日まで	一定の期間（※2）に契約した場合、令和3年1月1日から令和4年12月31日までの間に居住の用に供すること。 ※2 ・新築：令和2年10月1日から令和3年9月30日まで ・建売、中古、増改築等 　：令和2年12月1日から令和3年11月30日まで
面積要件	床面積が50㎡以上の住宅	床面積が**40㎡以上**の住宅
所得要件	控除の適用を受ける年の合計所得金額が3,000万円以下	控除の適用を受ける年の合計所得金額 ①**床面積40㎡以上50㎡未満の住宅** **1,000万円以下** ②床面積50㎡以上の住宅 3,000万円以下

実務上の留意点 消費税等の税率が10%である住宅の取得等に限られます。

　ここで居住要件を丁寧に見ていきましょう。図をご覧ください。【改正後】ですけれども、一定の期間に契約した場合において、令和3年1月1日から令和4年12月31日の間に居住の用に供することが要件となっています。そしてこの一定の期間ですけれども、※2にあるように新築の場合は、令和2年10月1日から令和3年9月30日までとなっています。新築というのは、注文住宅の新築です。

　次に、「建売、中古、増改築等」とありますけれども、建築後未使用の分譲、これも含まれます。マンションをイメージしていただくといいと思うのですが、令和2年の12月1日から令和3年11月30日までの間に契約し、さらに令和3年1月1日から令和4年12月31日までの間に居住の用に供することも要件になります。つまり、今回改正では、入居時期だけではなくて契約時期についても新たに要件がプラスされたとい

うことになります。

　また、契約期間についても注文住宅の新築の場合、建売、中古、増改築、建築後未使用の分譲とは2ヶ月違ってきますので、ご注意いただきたいと思います。

　床面積制限の引き下げについては、従来は50㎡以上ないと住宅ローン控除の対象とならなかったのですが、より幅広い層に住宅を買っていただきたいということで、控除を受ける年の合計所得金額が1,000万円以下の方に限って、床面積40㎡以上の住宅もローン控除の対象とすると床面積制限が引き下げられました。

　ただし、この40㎡以上という特例措置は、先ほどの13年という控除期間の特例が延長された部分に限られます。つまり、令和3年1月1日から令和4年12月31日までの間にという、この延長された部分に限られますので、40㎡から50㎡ぐらいのマンションを買おうかなという方は、ぜひ令和3年の11月30日までに契約して、令和4年の12月31日までに入居して、そして住宅ローン控除を受けていただきたいと思います。

　「実務上の留意点」に「消費税等の税率が10％である住宅の取得等に限られます」とあります。個人間の売買などは消費税がかかりませんので、控除期間は原則どおり10年、そして床面積も50㎡以上が対象ということになります。

2　住宅ローン控除の対象となる既存住宅（中古住宅）等の証明方法の拡充

改正のポイント

○既存住宅（中古住宅）等の住宅ローン控除を受ける最初の年分の
　確定申告書について、不動産識別事項等を提供すれば登記事項証
　明書の提出を省略することが可能となります。

解　説

　住宅ローン控除を受けるためには、確定申告書に登記事項証明書を添付することになっているのですが、不動産識別事項等を記載することによって、この謄本の添付が省略できるということですので、記号か何かを記載すれば謄本の提出が不要になるということのように思われます。

　さてここで、住宅ローン控除の今後の見通しについてお話しします。

　会計検査院の平成30年度の報告によりますと、住宅ローン控除の控除率、ローンの年末残高×1%という控除率、これよりも低い借入金利で住宅ローンを借りている方が、なんと78.1%も占めていたとのことです。まさに、超低金利時代ですが、住宅ローンを組む必要がないのに、わざわざ住宅ローンを組んで、そしてこのローン控除を受けるという例も散見されていたとのことです。そのため、来年以降の税制改正におきまして、控除額や控除率を見直すということが表明されておりますので、当然、減る方向性というのが予想されます。

　どのように控除額、控除率を減らしていくのかということですけれども、現在の借入金の年末残高×1%を1年間に支払った利息を上限とすることも考えられますが、そうしますと、現在は年末残高の証明書だけで済んでいたものが、年間の支払利息の証明書まで出さなければいけないということになりますので、ちょっとシステム上どうなのかなとい

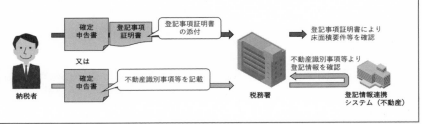

○税務署長が納税者から提供された既存住宅等に係る不動産識別事項等を使用して、入手等をした当該既存住宅等の登記事項により床面積要件等を満たすことの確認ができた住宅を、住宅借入金等を有する場合の所得税額の特別控除の対象となる既存住宅等に含めることになります。

実務上の留意点 住宅取得等資金に係る贈与税の特例についても同様となります。

適用時期 令和4年1月1日以後に確定申告書を提出する場合について適用されます。

うところがございまして、もしかしたら控除率1％というこのパーセンテージそのものを下げるのかもしれません。いずれにせよ、来年以降に持ち越しということになっております。

3 退職所得課税の適正化

改正のポイント

○退職所得課税における2分の1課税は、長期にわたる勤務により その対価の一部が蓄積したものが一挙に支払われるものであるこ とに配慮した税負担の平準化措置であり、近年の雇用の流動化に も配慮し、改正されます。

○勤続年数5年以下の法人役員等以外の退職手当（以下「短期退職 手当等」）について、2分の1課税の適用に上限額が設けられます。

解 説

　退職所得は、収入金額、退職金の額から退職所得控除額を引いて2分 の1したものが課税の対象となるわけですけれども、そもそも退職金と いうのは、長年にわたる勤務、これの対価の一部が蓄積されたものが一 時に支給されるという性質に鑑みまして、税負担を平準化するために2 分の1をしているのです。

　ところが、近年の雇用の流動化、IT関連企業や外資系の金融関連企 業など、業種によっては3年、5年で転職を繰り返すことで、自分のラ ンクアップを図っていくという業界もあるかと思いますけれども、こう いう近年の雇用の流動化に配慮して改正がされます。

　「改正のポイント」の2つ目、「勤続年数5年以下の法人役員等以外の 退職手当」これについて「2分の1課税の適用に上限が設けられます」 ということですが、ここに「法人役員等以外」と書いてあるのは、平成 25年分以降は、勤続年数5年以下の法人役員等の退職金については、2 分の1課税しないことになっておりますので、今回の改正というのは、 役員以外の一般従業員についての制限ということになります。

〇短期退職手当等の収入金額から退職所得控除額を控除した残額のうち、300万円を超える
　部分については2分の1課税が適用されません。

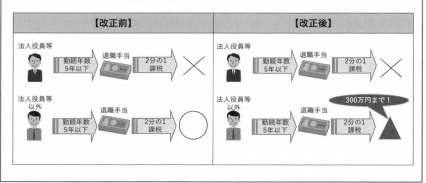

| | 実務上の留意点 | 改正に伴い、短期退職手当等のほかに退職手当等のある場合の退職所得の金額の計算方法、退職所得等に係る源泉徴収税額の計算方法、源泉徴収票の記載事項等についても所要の措置が講じられます。 |

| | 適用時期 | 令和4年分以後の所得税について適用されます。 |

　どんな制限を設けたのかといいますと、図の**【改正後】**、法人役員等以外、つまり一般従業員が勤続年数5年以下で退職手当をもらった場合、退職金から退職所得控除を引いた残額、こちらが300万円までは2分の1します。300万円を超える部分は2分の1しないということになります。

　この改正に伴いまして、まだ未整備の部分がありますので、今後所要の措置が講じられるということになっております。適用時期に関しましては、令和4年分以降の所得税について適用されます。

　こちらはそもそも、月々の給与を極端に下げて、退職金という形で支払うことで節税を図っていた例があったそうなので、課税当局としてはこうした節税スキームを封じたいということだったらしく、これに対する制限を設けたわけですが、それでも十分バッファを持たせた改正となっております。

4 総合課税の対象となる社債利子等の範囲の拡大

改正のポイント

○社債の利子は原則、利子所得として分離課税とされていますが、同族会社の株主は、総合課税の対象となる給与所得等の分離課税への転換が容易に可能であることから、同族会社の株主が支払を受けるその同族会社が発行した社債（少人数私募債等）の利子については、総合課税の対象とされています。しかし、個人が同族会社との間に法人を介在させることにより分離課税への転換が可能である点が問題とされていました。

○同族会社が発行した社債の利子で、その同族会社の判定の基礎となる株主である法人と特殊の関係のある個人（※）及びその親族等が支払を受けるものが、総合課税の対象となります。社債の償還差益についても同様です。

解 説

　社債の利子というのは、利子収入金額×所得税15.315％、住民税5％ですから、20.315％の分離課税とされています。

　ここで考えていただきたいのですが、ある同族会社の株主がいて、会社から給与の形でお金をもらうと総合課税の対象ですから、30％、40％、50％と高い税率がかかってきてしまいます。

　では、この株主が会社に社債という形でお金を入れて、そして、その利子という形でお金をもらった場合は、一律20.315％の分離課税になります。このような抜け穴がありましたので、平成25年度改正によって、同族会社の株主に関して、この同族会社から受け取る社債利子については、総合課税の対象とするとなりました。

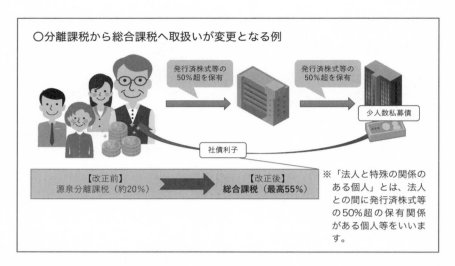

○分離課税から総合課税へ取扱いが変更となる例

発行済株式等の
50%超を保有

発行済株式等の
50%超を保有

少人数私募債

社債利子

【改正前】
源泉分離課税（約20%）

【改正後】
総合課税（最高55%）

※「法人と特殊の関係の
ある個人」とは、法人
との間に発行済株式等
の50%超の保有関係
がある個人等をいいま
す。

| 実務上の留意点 | 高税率である総合課税から低税率である分離課税への転換による税負担軽減ができなくなります。 |

| 適用時期 | 令和3年4月1日以後に支払を受けるべき社債の利子及び償還金について適用されます。 |

　図の一番右端にあるのが同族会社です。左端にいるのが個人です。そもそも、先ほど申し上げた同族会社の株主が受け取る社債利子を総合課税にするというのは、個人株主を前提としたものですけれども、このイラストのように個人と同族株主の間に法人を介在させたらどうでしょうか。こうすることによって、この同族会社から左端の個人が受け取る社債利子というのは、20.315％の分離課税で受け取ることができていたのです。ですので、今回こちらを総合課税の対象にするというように改正されました。こちらは、社債の償還金についても同様です。

　適用時期ですが、令和3年4月1日以後に支払いを受けるべき社債利子及び償還金となっています。

5 セルフメディケーション税制

改正のポイント

○セルフメディケーション税制の適用期限が5年延長されます。
○対象となる医薬品について一定の見直しが行われます。
○セルフメディケーション税制の適用を受けるための要件が見直さ
　れ、申告手続が簡素化されます。

解 説

　適用期限が令和8年の12月31日まで延長されます。そして、対象と
なる医薬品について一定の見直しが行われます。

　現行は、スイッチOTC医薬品が全て対象で、そうでないものは全て
対象外でした。スイッチOTC医薬品とは、医療用の医薬品として用い
られた成分が、OTC医薬品に転換、スイッチされたものということです。
イブプロフェンなどが代表になりますけれども、鎮痛剤、水虫薬、胃腸
薬、アレルギー用の薬など、幅広いものがスイッチOTC医薬品とされ
ています。その中でも効果が低いと認められるものについては除外する
ということです。

　非スイッチOTC医薬品についても、効果が著しく高いと認められる
ものについては、セルフメディケーション税制の対象にするということ
です。

○制度の概要

		【改正前】	【改正後】
適用期限		令和3年12月31日	**令和8年12月31日**
対象となる医薬品	スイッチOTC医薬品	全て対象	療養の給付に要する費用の適正化の効果が**低い**と認められるものを**除外**
	非スイッチOTC医薬品	全て**対象外**	療養の給付に要する費用の適正化の効果が著しく**高い**と認められるもの（3薬効程度のもの）を**対象に加える**
申告手続の簡素化		健康診査等一定の取組を行っていることを明らかにする書類の確定申告書への**添付又は提出**の際の**提示**が必要	**添付又は提示が不要**（ただし税務署長から請求があった場合は提示又は提出しなければならない）

実務上の留意点	・通常の医療費控除とセルフメディケーション税制は選択適用となります。 ・対象となる医薬品の見直しは、個人住民税についても同様の見直しがされます。

適用時期	・対象となる医薬品の見直しは令和4年分以後の所得税（個人住民税は令和5年度分以後）について適用となります。 ・申告手続の簡素化は令和3年分以後の確定申告書を令和4年1月1日以後に提出する場合について適用となります。

　申告手続の簡素化について【改正前】は、「健康診査等一定の取り組みを行っていることを明らかにする書類の添付又は提示が必要」だったのですが、こちらが不要になりました。

　セルフメディケーション税制を選択する場合には、自分が健康に気を使っているということを明らかにする書類を提出しなければいけなかったのですが、こちらが**不要**になったということです。ただし、税務署長から要請があった場合には、提示又は提出しなければならないということで、今後も自分が健康に気を使っているということを明らかにする書類というのは、持っていなければならないということです。

　「実務上の留意点」ですが、改正後も従来と同じく、通常の医療費控除とセルフメディケーション税制は選択適用ということになります。

5. 資産課税

1 住宅取得等資金に係る贈与税の 非課税措置等の見直し①

改正のポイント

○親・祖父母等の直系尊属から住宅取得等資金の贈与を受けた場合の贈与税の非課税措置について、非課税限度額が下記の通り引き上げられます。

○税務署長が、納税者から提供された既存住宅用家屋等に係る不動産識別事項等を使って入手をした、当該既存住宅用家屋等の登記事項により、床面積要件等を満たすことの確認ができた住宅は、本措置の対象となる既存住宅用家屋等に含まれることとなります。

解　説

　この制度は、お子さんやお孫さんがマイホームを買うに際して、親御さんや、おじいちゃん、おばあちゃんが何らか援助をしてあげる、そんなときに、一定額非課税で贈与できるというものです。その非課税となる一定額というのは、年々変わります。

　図の【改正前】、消費税率10％が適用される省エネ等住宅で、令和3年3月31日までに契約を締結した場合は、1,500万円の非課税枠があったのですが、令和3年4月から12月末までに契約を締結した場合には、1,200万円まで引き下がる予定でした。それが**今回改正**で令和3年の3月31日までと同じく1,500万円非課税限度額が据え置きとなりました。

　この住宅取得等資金贈与は、令和元年10月の消費増税による住宅買い控えに備え、平成31年4月1日から令和2年3月31日までに消費税率10％が適用される住宅の契約を締結した場合には、省エネ等住宅では、3,000万円もの非課税枠が設定されていました。それが、段階的に小さくなっていく予定でしたが、コロナによる経済の落ち込みをなんと

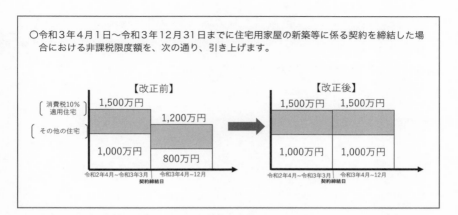

〇令和3年4月1日～令和3年12月31日までに住宅用家屋の新築等に係る契約を締結した場合における非課税限度額を、次の通り、引き上げます。

実務上の留意点	上記の非課税限度額は、耐震、省エネ又はバリアフリーの住宅用家屋に係る非課税限度額であり、一般の住宅用家屋に係る非課税限度額は、上記の非課税限度額からそれぞれ500万円減額した金額となります。
適用時期	非課税限度額の引き上げについては、令和3年1月1日以後に贈与により取得する住宅取得等資金に係る贈与税について適用となります。 税務署長が床面積要件を登記事項により確認できるものとする改正は、令和4年1月1日以後に贈与税の申告書を提出する場合について適用します。

か刺激しようということで、非課税限度額が据え置きとなったのです。

　住宅取得等資金の贈与というのは、非課税枠も大きいですし、またニーズも非常に高いです。住宅購入というのは、国の内需の柱です。昨年の4月以降、住宅着工件数が前年同月比12ポイントも落ち込んでいます。高齢層から若い世代へどんどんお金を回して、経済を活性化していきたいということで、政府としてはぜひ活用していただきたい制度ではないかと思います。

　「実務上の留意点」ですが、1,500万円、1,000万円という金額は、省エネ等住宅に係る非課税限度額ですので、それ以外の一般住宅の非課税限度額は、それぞれここから500万円を減額した金額となる点に注意してください。

　参考までに、この制度を使って贈与を受けた方を、世帯の収入別に見てみますと、1世帯当たりの収入が1,000万円以上でこの贈与を受けた

方は35％と最も多く、1世帯当たりの収入が400万円未満の方は3％と割合が低くなっています。ですので、富める家系というのは、ますます富むのかというのが浮き彫りになっております。

2 住宅取得等資金に係る贈与税の 非課税措置等の見直し②

改正のポイント

〇新型コロナウイルスの影響による先行きの不透明さなどを背景として住宅取得環境の厳しさが増すなか、住宅投資を幅広い層に喚起するため、経済対策として床面積の比較的小さい住宅も非課税措置の対象とする特例措置が設けられます。

〇受贈者が、贈与を受けた年分の所得税に係る合計所得金額が1,000万円以下である場合に限り、床面積要件の下限が、40㎡以上に引き下げられます。

解 説

住宅投資をより幅広い層に喚起するために、経済対策として床面積の比較的小さい住宅も非課税措置の対象としますということです。

贈与を受けた年の贈与を受けた方の合計所得金額が1,000万円以下である場合に限り、床面積制限が40㎡以上まで引き下げられます。こちらの面積ですけれども、こちらは登記簿謄本上の面積を意味していますので、戸建て住宅などの場合は、壁の中心部で囲まれた面積である壁芯で、マンションの場合は、壁などの内側の面積である内法面積ということになります。

「実務上の留意点」ですが、床面積要件に関しましては、相続時精算課税制度の特例で受けた贈与についても適用となります。適用時期は、令和3年1月1日以降の贈与について適用になります。

○受贈者について、贈与を受けた年分の所得税に係る合計所得金額が1,000万円を超える場合には、現行通り床面積は50㎡以上であることが要件となります。

	【改正前】	【改正後】
合計所得金額 1,000万円超 2,000万円以下	50㎡以上	50㎡以上
合計所得金額 1,000万円以下	50㎡以上	**40㎡以上**

 床面積要件については、特定の贈与者から住宅取得等資金の贈与を受けた場合の相続時精算課税制度の特例についても適用されます。

適用時期 令和3年1月1日以後に贈与により取得する住宅取得等資金に係る贈与税について適用となります。

3 教育資金の一括贈与の非課税措置の見直し①

改正のポイント

○教育資金の一括贈与の非課税措置については、「贈与から3年経過後は贈与者死亡時の残高が相続財産に加算されない」、「加算される場合でも、相続税額の2割加算は適用されない」という問題点が、従来より指摘されていました。

○本来の制度趣旨と異なる節税的な利用を防止するため、以上の点を見直したうえで適用期限が2年延長されます。

解 説

　こちらは平成25年4月1日にスタートした制度です。平成31年3月末の時点での累計の利用件数というのは、22万598件となっております。そして、累計の信託財産額が1兆5,874億円となっております。

　近年、超高齢化が進んでおりまして、認知症の方は2025年までに700万人になるそうです。日本国民の5%が認知症になってしまうという話です。また、第一生命経済研究所の調査によりますと、こうした認知症の方が持つ金融資産というのが、2030年には、今の1.5倍の215兆円に上るということです。

　215兆円といいますと、全ての家計の金融資産の1割、そして日本のGDPの4割を占めることになります。このような財産が凍結の危機にさらされるということで、日本経済に与えるダメージというのは、非常に恐ろしいものなのですが、そのような中で1.5兆円のキャッシュを高齢層から若い世代へ移転させたのは、この教育資金一括贈与制度の一定の成果ではなかったのかなと思います。

　ただ、平成31年以降は、利用件数も頭打ちとなり、やるべき家庭は既にやってしまったのかなという感じです。

こうした教育資金一括贈与ですけれども、「改正のポイント」にあるように、贈与から3年経過した後は、贈与者が亡くなった時点で残っていたその教育資金の残額が相続財産に加算されない、たとえ加算されたとしても、お孫さんなどが受け取った場合、2割加算の適用対象にはならない、こういう問題点が指摘されていました。

　そこで今回、改正となりました。贈与して何年経とうが、贈与者が亡くなった時点で残っていた残額は、相続財産に加算されます。そして、2割加算の適用対象にもなります。平成25年のスタート時は、令和元年の改正があるまでは、3年どころか、亡くなる直前にした教育資金一括贈与でも、相続財産から切り離せるという状態でしたので、本来の趣旨とは異なる節税的な利用も見られたので、段階を経て3年以内、そして今回は期限なしということで改正されました。

　【改正後】です。適用期限は令和5年の3月31日まで延長されました。それから、「相続財産への加算」ですが、「その死亡の日までの年数にかかわらず」とあるように、相続開始時点の「残額は、受贈者が当該贈与者から相続等により取得したもの」とみなします。

　※部分です。ただし、死亡の日において受贈者が、23歳未満、学校等に在学しているなど一定の場合には、相続財産に加算しません。

　「相続税額の2割加算」ですが、「上記改正により相続等により取得したものとみなされる管理残額」とあるように、残額についてはお孫さんなんかが受け取っていた場合において、相続税額の2割加算の対象となります。今までは、2割加算の対象ではなかったので、何の負担もなく世代飛ばしというのができていました。

　教育資金一括贈与制度というのは、従来から富の格差の固定化につながるのではないかという問題点が指摘されていました。

　ある調査によると、ご家庭の所得と全国学力調査の正答率に非常に高い関係性があったということです。所得が高い家庭のお子さんほど、全国学力調査の正答率が高く、開きが大きい科目では、年収200万円のご

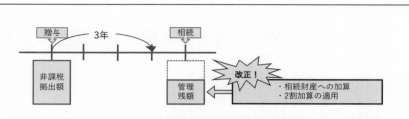

	【改正前】	【改正後】
適用期限	令和3年3月31日まで	**令和5年3月31日まで**
相続財産への加算	贈与から3年経過後は死亡時の管理残額は相続財産に加算されず	信託等があった日から教育資金管理契約の終了の日までの間に贈与者が死亡した場合には、**その死亡の日までの年数にかかわらず、同日における管理残額は、受贈者が当該贈与者から相続等により取得したものとみなされます。** ※死亡の日において受贈者が、23歳未満、学校等に在学、教育訓練給付金の支給対象となる教育訓練を受講している、いずれかに該当する場合を除きます。
相続税額の2割加算	孫に対する2割加算は適用されず	上記改正により相続等により取得したものとみなされる管理残額について、**当該贈与者の子以外の直系卑属に相続税が課される場合には、**当該管理残額に対応する相続税額は、**相続税額の2割加算の対象となります。**

※「管理残額」とは、非課税拠出額から教育資金支出額を控除した残額をいいます。

家庭と、年収1,500万円のご家庭では、23.5％も正答率に開きがあったのです。もちろん高校卒業後の進路につきましても、年収の高いご家庭ほど4年制大学へ行く割合というのは高く、それはその後の生涯年収にも影響してきますので、富める家の子はますます富むのかと問題点が指摘されていたのです。

　今回の政府税調の資料の中にも、こうしたデータが多く見られ、既に利用件数が頭打ちになっていることを考えますと、ゆくゆく何らかの措置が講じられるのではないかと思います。

4 教育資金の一括贈与の非課税措置の見直し②

改正のポイント

○節税的利用の防止と適用期限の延長の他、対象となる教育資金の範囲と、本措置に関する申告書等に記載すべき事項の提供方法についての改正があります。

解 説

　「実務上の留意点」に「暦年贈与であれば相続開始前3年を超えて贈与された財産は相続財産に加算されませんが」とあるように、つまり、暦年贈与であれば、相続開始前3年以内にした贈与以外の贈与というのは、相続財産から切り離しができるのですが、教育資金の一括贈与に関しましては、この改正によりまして一定の場合を除き、死亡の日までの年数にかかわらず相続財産に加算されることになりますので、ご注意ください。

　適用時期ですが、相続財産への加算と2割加算に関する改正は、令和3年4月1日以後の信託等により取得する信託受益権等について適用されます。

	【改正内容】
教育資金の範囲	1日当たり5人以下の乳幼児を保育する認可外保育施設のうち、都道府県知事等から一定の基準を満たす旨の証明書の交付を受けたものに支払われる保育料等を加える。
申告書等に記載すべき事項の提供方法	次に掲げる申告書等の書面による提出に代えて、取扱金融機関の営業所等に対して、当該申告書等に記載すべき事項等を電磁的方法により提供することができることとする。 イ　教育資金非課税申告書 ロ　追加教育資金非課税申告書 ハ　教育資金非課税取消申告書 ニ　教育資金非課税廃止申告書 ホ　教育資金管理契約に関する異動申告書

 暦年贈与であれば相続開始前3年を超えて贈与された財産は相続財産に加算されませんが、教育資金の一括贈与については、本改正により、一定の場合を除き、死亡の日までの年数にかかわらず相続財産に加算されることになります。

 相続財産への加算と2割加算に関する改正は、令和3年4月1日以後の信託等により取得する信託受益権等について適用されます。

　教育資金の範囲の改正は、令和3年4月1日以後に支払われる教育資金について適用されます。

5 結婚・子育て資金の一括贈与の非課税措置の見直し

改正のポイント

○結婚・子育て資金の一括贈与の非課税措置については、贈与者死亡時の残高が相続財産に加算される場合でも「相続税額の２割加算は適用されない」という問題点が、従来より指摘されていました。

○本来の制度趣旨と異なる節税的な利用を防止するため、以上の点を見直したうえで適用期限が２年延長されます。

○節税的な利用の防止と適用期限の延長の他、対象となる結婚・子育て資金の範囲、本措置に関する申告書等に記載すべき事項の提供方法についての改正があります。

解　説

　こちらは教育資金一括贈与より一足早く相続財産に加算される扱いとなっていましたが、今回、教育資金一括贈与と足並みを揃えまして、２割加算の適用も対象になりました。

　適用期限ですが、令和５年の３月31日まで延長されています。ですが、教育資金一括贈与と違いまして、こちらは利用件数が非常に少なく、平成31年の３月末時点で、累計6,747件しか利用されていません。結婚費用、婚礼費用など普通は、親が出しても非課税なので、なかなか利用されないということがありました。「実務上の留意点」で「次の適用期限到来時に、制度の廃止も含め検討することとされています」とあるように、大綱に書いてありましたので恐らくなくなるのでしょうということです。

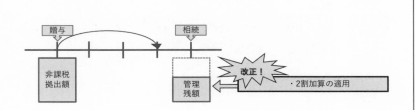

	【改正前】	【改正後】
適用期限	令和3年3月31日まで	**令和5年3月31日まで**
相続税額の2割加算	孫に対する2割加算は適用されず	贈与者から相続等により取得したものとみなされる管理残額について、**当該贈与者の子以外の直系卑属に相続税が課される場合には、**当該管理残額に対応する相続税額は、**相続税額の2割加算の対象となります。**
受贈者の年齢要件	20歳以上	**18歳以上**

※「管理残額」とは、非課税拠出額から結婚・子育て資金支出額を控除した残額をいいます。

	【改正内容】
結婚・子育て資金の範囲	1日当たり5人以下の乳幼児を保育する認可外保育施設のうち、都道府県知事等から一定の基準を満たす旨の証明書の交付をうけたものに支払われる保育料等を加える。
申告書等に記載すべき事項の提供方法	次に掲げる申告書等の書面による提出に代えて、取扱金融機関の営業所等に対して、当該申告書等に記載すべき事項等を電磁的方法により提供することができることとする。 イ　結婚・子育て資金非課税申告書 ロ　追加結婚・子育て資金非課税申告書 ハ　結婚・子育て資金非課税取消申告書 ニ　結婚・子育て資金非課税廃止申告書 ホ　結婚・子育て資金管理契約に関する異動申告書

 実務上の留意点 贈与の多くが扶養義務者による生活費等の都度の贈与や基礎控除の適用により課税対象とならない、利用件数が少ないといった本措置の実情を踏まえ、次の適用期限到来時に、制度の廃止も含め検討することとされています。

適用時期 2割加算に関する改正は令和3年4月1日以後、年齢要件に関する改正は令和4年4月1日以後の信託等により取得する信託受益権等について適用されます。
結婚・子育て資金の範囲の改正は、令和3年4月1日以後に支払われる結婚・子育て資金について適用されます。

6 非上場株式等に係る相続税の納税猶予制度の見直し（後継者要件）

改正のポイント

○非上場株式等に係る相続税の納税猶予の特例制度及び一般制度において、後継者の要件が緩和されます。

解 説

　ここで特例制度と呼んでいますのは、平成30年からスタートしました、いわゆる新事業承継税制です。もう1つ、従来から施行されています事業承継税制は、一般制度と呼んでいます。現在は、この特例制度と一般制度というのが2本同時並行で走っているような形になりますが、このいずれにおいても後継者の要件が緩和されます。

　特例制度、一般制度、いずれも原則としては被相続人、先代オーナー、こちらが亡くなった時点で後継者は会社の役員であることが要件です。ただし、思いがけず、先代オーナーが若くして亡くなってしまうケースもあります。そんなことは想定していなかったので、後継者の方は会社の役員にも就任していないということもあります。そのときに納税猶予制度が使えないと気の毒ですので、先代オーナーが60歳未満という、思いがけない若さで亡くなった場合には、後継者が会社役員に就任していなくても制度の適用を可能としていたのです。この年齢を60歳未満から70歳未満まで引き上げるということになります。

　近年、社長の年齢の高齢化が深刻な問題となっております。中小企業庁の調査では、社長の年代別にみると70代で4割、80代でも3割が後継者不在ということで、事業承継の難しさが浮き彫りとなっております。

　特例制度に関しましては、【改正後】の「①又は②に該当する場合には」この後継者の要件が緩和されますので、①「被相続人が70歳未満で死

○非上場株式等に係る相続税の納税猶予の特例制度について、次に掲げる場合には、後継者が
被相続人の相続開始の直前において特例認定承継会社の役員でないときであっても、本制度
の適用を受けることができることとなります。
①については、一般制度についても同様となります。

　①　被相続人が70歳未満で死亡した場合
　②　後継者が中小企業における経営の承継の円滑化に関する法律施行規則の確認を受けた
　　　特例承継計画に特例後継者として記載されている者である場合

	【改正前】	【改正後】
特例制度	被相続人が60歳未満で死亡した場合、後継者が特例認定承継会社の役員でなくても特例適用	**①又は②に該当する場合には**、後継者が特例認定承継会社の役員でなくても特例適用可
一般制度	被相続人が60歳未満で死亡した場合、後継者が認定承継会社の役員でなくても適用可	被相続人が**70歳未満で死亡した場合**、後継者が認定承継会社の役員でなくても適用可

実務上の留意点　適用要件が緩和されたため、先代経営者が突然亡くなった場合においても、納税猶予制度を適用できる余地が広がりました。

亡した場合」これは先ほど解説したとおりです。②は、被相続人が70歳超で亡くなった場合において、まだ後継者が役員に就任していなかったとしても、その後継者が「特例承継計画に特例後継者として記載されている者である場合」には特例適用可ということになっております。特例制度においても、一般制度においても要件が緩和されたので、先代経営者が突然亡くなった場合において、納税猶予制度を適用できる余地が広がったということになります。

7 高度外国人材等が保有する国外財産に係る 相続税等の納税義務の緩和

改正のポイント

○高度外国人材の日本での就労等を促進する観点から、日本に居住する在留資格を有する者から、国内に短期的に居住する在留資格を有する者、国外に居住する外国人等への相続等については、国外財産を相続税等の課税対象としないこととなります。

解 説

　国際金融都市に向けた税制上の措置ということで、高度外国人材について相続税の納税義務が緩和されました。高度外国人材は平成29年度の税制改正で導入された言葉です。とにかく優秀な人材は、どんどん日本に来てもらいたいのですが、例えば、アメリカ人の方が日本に少しの間働きに来た時に、思いがけない交通事故か何かで突然亡くなってしまった場合において、アメリカにいる妻や子が相続するアメリカの財産にまで日本の相続税がかかってしまっては、恐ろしくて誰も日本に働きに来てくれなくなります。

　そういうわけで、平成29年度改正では、在留資格を持って、そして一時的に日本に滞在しているような外国人の国外財産に関しましては、日本の相続税はかからないとなったのですが、今回改正では、この2つの要件、「在留資格を持って一時的に」のこの「一時的に」という要件がなくなりました。在留資格のある外国人については、居住期間を問わず、国外財産は日本の相続税の対象にしないことになりました。

　図の※1のとおり「⇒「相続・贈与前15年以内において国内に住所を有していた期間の合計が10年以下」という居住期間の要件が廃止」されたので、ずっと日本にいるような外国人が日本で亡くなった場合に

○納税義務者の区分（特定納税義務者を除く）

被相続人贈与者 ＼ 相続人受贈者	国内に住所あり		国内に住所なし		
		在留資格を有する短期滞在の外国人（※2）	日本国籍あり		日本国籍なし
			10年以内に国内に住所あり	10年以内に国内に住所なし	
国内に住所あり ／ 在留資格を有する外国人（※1）	居住無制限納税義務者	居住制限納税義務者	非居住無制限納税義務者	非居住制限納税義務者	非居住制限納税義務者
国内に住所なし ／ 10年以内に国内に住所あり ／ 一定の外国人（※3） ／ 10年以内に国内に住所なし	居住無制限納税義務者	居住制限納税義務者	非居住無制限納税義務者	非居住制限納税義務者	非居住制限納税義務者

※1　出入国管理及び難民認定法別表第一の在留資格を有する人（永住者等は除かれる）
　　⇒**「相続・贈与前15年以内において国内に住所を有していた期間の合計が10年以下」**
　　という居住期間の要件が廃止
※2　出入国管理及び難民認定法別表第一の在留資格を有する人（永住者等は除かれる）で
　　相続・贈与前15年以内において国内に住所を有していた期間の合計が10年以下の人
※3　国内に住所を有していた期間引き続き日本国籍を有していない人等

> **実務上の留意点**　納税義務者の区分（無制限納税義務者又は制限納税義務者）が変わった場合は、課税財産の範囲だけでなく、債務控除、未成年者控除、障害者控除の適用に影響があります。

おいても、相続人が日本国内に住所がなくて、日本国籍がないような方の場合、もしくは、日本国籍はあるけれども、日本国内に10年超住所がないような方の場合、このような方が受け取った国外財産については、日本の相続税の対象とならないということです。

　また、もう1つですけれども、受け取る相続人が日本国内に住所がある方であっても、在留資格を有する短期滞在の外国人である場合、受け取る側は居住期間の要件があります。この方が受け取る国外財産に関しては、日本の相続税はかからないということですので、亡くなった方も、もらう方も共に高度外国人材ということで、優秀な高度外国人親子がいれば親子そろって日本に来ていただきたいということだと思います。

8 土地に係る固定資産税等の負担調整措置

改正のポイント

○3年に1度の令和3年度固定資産評価替えによる、地価上昇地点における評価額の上昇に伴う税負担の増加を緩和するため、土地に係る固定資産税等の負担調整措置が講じられます。

解説

　令和3年度は、3年に1度の固定資産税の評価替えの年で、地価上昇地点の固定資産税等の負担調整措置が講じられますが、固定資産税は地方自治体の重要な基幹税目で、市町村の税収の4割が固定資産税です。この割合は、都市部より町村部のほうが高くなっています。ですので、税収としては、守っていかなければならないのですが、評価額が低い土地のほうが、税負担が高くなるというような逆転現象は防がなければいけないということで、負担調整措置というのが採られています。

　図の①です。現行の負担調整措置、そして特例措置の適用期限というのが3年間延長になります。

　そして②ですが、①の負担調整措置と併せて令和3年度限りの措置として以下の措置が講じられます。コロナで先行きが読めませんので、令和3年度限りとなります。令和4年度以降については、何ともいえないという状況です。

　どのような土地が対象になるのかといいますと、商業地、住宅用地、農地など全ての土地が対象です。そして、これらの地価が上昇した場合には、令和3年度の固定資産税の課税標準額を令和2年度の課税標準額と同額に据え置きますということです。それから地価が下落した場合には、低いほう、下落したほうの令和3年度の課税標準額を適用しますということですから、納税者の税負担を抑える方向性の措置が採られてい

① 現行の負担調整措置及び以下の特例措置の適用期限が3年間延長されます。

　　イ　商業地等及び住宅用地に係る負担調整措置
　　ロ　商業地等に係る減額措置
　　ハ　税負担急増土地に係る減額措置

	【改正前】	【改正後】
適用期限	平成30年4月1日〜 令和3年3月31日	令和3年4月1日〜 令和6年3月31日

② 令和3年度限りの措置として以下の措置が講じられます。

　　イ　適用対象…商業地等・住宅用地・農地など全ての土地
　　ロ　地価が上昇した場合…令和3年度の課税標準額を令和2年度の課税標準額と同額とする。
　　ハ　地価が下落した場合…令和3年度の課税標準額を適用する。

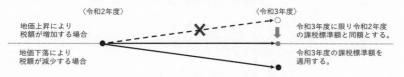

③ 都市計画税についても固定資産税の改正に伴う特例措置が講じられます。

> **実務上の留意点**　令和3年度固定資産評価替えにより、不動産取得税・登録免許税・相続税の財産評価などに留意が必要です。

ます。

③です。「都市計画税についても固定資産税の改正に伴う特例措置が講じられます」ということです。

「実務上の留意点」で、「財産評価などに留意が必要です」とありますが、これは本当にご注意いただきたいと思います。

9 登録免許税の軽減措置・免税措置

改正のポイント

○登録免許税の税率の軽減措置及び免税措置について、適用期限の
延長及び拡充が講じられます。

解説

登録免許税の税率の軽減措置及び免税措置については、以下の通りで
す。

○土地の売買による所有権の移転登記等の軽減措置

対象となる登録免許税	本則	軽減措置	延長内容
売買による移転登記の登録免許税	2.0%	1.5%	適用期限を2年延長する。
信託の登記の登録免許税	0.4%	0.3%	

○相続による所有権の移転登記に対する免税措置

対象となる登録免許税	本則	軽減措置	拡充・延長内容
相続により土地を取得した個人が登記をしないで死亡した場合の登録免許税	0.4%	免税	適用対象となる登記の範囲に、表題部所有者の相続人が受ける土地の所有権の保存登記を加えた上で、適用期限を1年延長する。
少額の土地を相続により取得した場合の登録免許税	0.4%	免税	

適用時期 土地の売買による所有権の移転登記等については、令和5年3月31日まで適用となります。
相続による所有権の移転登記等については、令和4年3月31日まで適用となります。

10　不動産取得税の特例措置

改正のポイント

〇不動産取得税の特例措置について、適用期限の延長が講じられます。

解　説

　不動産取得税の特例措置については、以下の通り、適用期限の延長が講じられることになりました。

〇宅地評価土地の取得に係る特例措置（課税標準）

対象となる不動産取得税	本則	特例措置	延長内容
宅地評価土地の取得に係る不動産取得税	不動産の価格	不動産の価格の2分の1	適用期限を3年延長する。

〇住宅及び土地の取得に係る特例措置（標準税率）

対象となる不動産取得税	本則	特例措置	延長内容
住宅及び土地の取得に係る不動産取得税	4%	3%	適用期限を3年延長する。

（参考）不動産取得税の計算方法
　税額＝取得した不動産の価格（課税標準）× 税率

適用時期　令和6年3月31日まで適用となります。

11 相続税と贈与税の一体課税 （相続税と贈与税の関係）

検討のポイント

〇贈与者が税負担を意識して財産移転のタイミングを計る必要がなく、ニーズに即した財産移転を促すため、一方で意図的な税負担の回避を防止するため、相続税と贈与税の一体化に向けた検討が進められます。

問題点

〇贈与税は、相続税の補完税としての性格を持っており、相続税の累進回避を防止する観点から高い税率が設定され、生前贈与に対して抑制的に働いている面があります。
〇一方で、現在の税率構造では、富裕層による財産の分割贈与を通じた負担回避を防止するには限界があります。

解 説

　こちらは今年の改正項目ではありませんが、令和2年12月10日に公表された政府与党の税制改正大綱では、トップに基本的考え方というものが例年載っているわけですが、その中で今年は3分の2ページほどを割きまして、今後、相続税と贈与税を一体化する方向であるということが書かれていました。

　一体化とはどういうことなのかといいますと、アメリカの遺産税を例に取って解説します。アメリカの遺産税では、生涯にわたって行った贈与と、そして相続開始時点で残っていた相続財産、こちらは全部一体化して税金をかけますという、統一税額控除という制度が採られています。ですので、いつ親から子に資産を受け渡そうが、結局、税負担は同じと

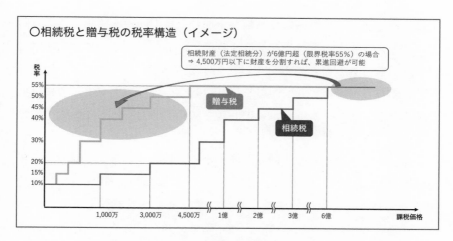

〇相続税と贈与税の税率構造（イメージ）

相続財産（法定相続分）が6億円超（限界税率55%）の場合
⇒ 4,500万円以下に財産を分割すれば、累進回避が可能

いうことなのです。資産移転の時期に中立的というのは、こういうこと
を意味します。

　一方、日本の贈与税は、相続税の補完税としての性質を持っています。
相続時に相続財産をたくさん持っていると相続税をたくさん払うことに
なるので、生前にたくさん贈与を行ってしまうような行為を防ぐために、
贈与税の税率は高く設定されています。これが生前贈与に対して抑制的
に働いているという問題点は従前から指摘されていました。

　日本もアメリカのように、いつ親から子に資産を受け渡しても結局の税
負担は同じということにすれば、贈与者が税負担を意識して財産移転の
タイミングを計る必要がなく、ニーズに即した財産移転や必要なときに
必要に応じて資産の受け渡しを行えるようになるのではないでしょうか。

　近年、老々相続が増加しています。100歳の親から70歳の子に相続す
るということが非常に多くなっています。そのような中、政府としては、
経済を活性化させたいので、若い世代にお金を回していきたいのです。

　令和2年の税制改正大綱を作る段階でも、相続贈与一体化が検討課題
となっていたのですが、今年はついに税制改正大綱に記載されました。
ですので、近く現実化するものと思われます。

　これが現実化しますと、「**問題点**」の2番目にある「現在の税率構造

では、富裕層による財産の分割贈与を通じた負担回避を防止するには限界があります」ということを解決することにもつながります。相続財産が6億超もある方などの場合には、限界税率55％ですので、これよりも低い贈与税率のところで贈与を繰り返していけば、トータルの税負担は必ず下がります。こうした負担回避を防止するためにも一体化するのだということなのです。

　現在、多くの資産家が生前贈与をこまめに行っています。財務省主税局の調べでは、年400万から2,000万円という多額の贈与を受けた方は、複数年にわたって連続して贈与を受けていることもわかりました。特に、受贈者の年齢層が低いほど、連年贈与の割合が高く、富裕層は非常に早い段階から計画的に節税対策を行っているということがよく分かります。しかし今後、相続税と贈与税の一体課税が現実化すれば、こうした節税対策は封じ込められてしまうかなと思います。

検討事項

〇贈与税の課税方式は、受贈者が「暦年課税」又は「相続時精算課税（平成15年に導入）」を選択できます。

〇今後、諸外国の制度を参考にしつつ、相続税と贈与税をより一体的に捉えて課税する観点から、現行の相続時精算課税制度と暦年課税制度のあり方を見直すなど、格差の固定化の防止等に留意しつつ、資産移転の時期の選択に中立的な税制の構築に向けて、本格的な検討を進めていくこととなります。

解　説

　具体的に一体化に向けてどのような検討がされるのかといいますと、税制改正大綱には、現行の相続時精算課税制度と、暦年制度の在り方を見直すとだけ書いてあります。**現行**の暦年課税制度は、図の上のほうですが、相続開始前3年以内にした贈与は、相続財産に持ち戻されて相続税の課税対象になりますが、それ以前にした贈与は、相続財産から切り

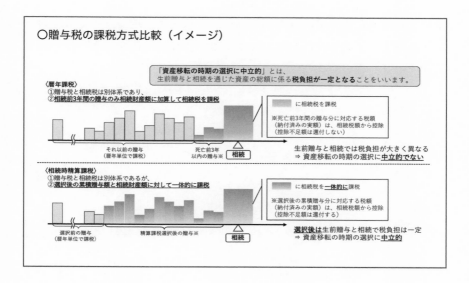

○贈与税の課税方式比較（イメージ）

「**資産移転の時期の選択に中立的**」とは、
生前贈与と相続を通じた資産の総額に係る**税負担が一定となる**ことをいいます。

〈暦年課税〉
①贈与税と相続税は別体系であり、
②**相続前3年間の贈与のみ相続財産額に加算して相続税を課税**

に相続税を課税

※死亡前3年間の贈与分に対応する税額
（納付済みの実額）は、相続税額から控除
（控除不足額は還付しない）

それ以前の贈与
（暦年単位で課税）

死亡前3年
以内の贈与※

相続

生前贈与と相続では税負担が大きく異なる
⇒ 資産移転の時期の選択に**中立的でない**

〈相続時精算課税〉
①贈与税と相続税は別体系であるが、
②**選択後の累積贈与額と相続財産額に対して一体的に課税**

に相続税を**一体的に**課税

※選択後の累積贈与分に対応する税額
（納付済みの実額）は、相続税額から控除
（控除不足額は還付する）

選択前の贈与
（暦年単位で課税）

精算課税選択後の贈与※

相続

選択後は生前贈与と相続で税負担は一定
⇒ 資産移転の時期の選択に**中立的**

離すことは可能です。

　一方、相続時精算課税制度は、その制度を選択して以降なされた贈与
は、全て相続財産に持ち戻して相続税の課税対象となりますので、これ
がまさに一体課税です。

　図の中に「**資産移転の時期の選択に中立的**」という言葉があります。
これはトータルの税負担が一定となるということですが、本当に中立に
するならアメリカの遺産税方式です。しかし、アメリカのように1人の
人が行った一生涯の贈与を、延々と追跡できるのかという実務上の問題
点があります。アメリカの基礎控除は、2019年の時点で1,140万ドル
ですから、約11億8,500万円です。日本は3,000万円ですから、ここ
でもう既に36倍の開きがあります。アメリカでは、遺産税の対象とな
る方は人口の1％で日本では8.5％ですので、とてもアメリカと同じよ
うにはできないだろうと思われます。

　では、実務上、果たしてどこまでやるのかということですが、現実的
には、ドイツ・フランス方式を採るのではないかと予想されています。
ドイツは相続開始前10年、フランスは相続開始前15年に行った贈与が

持戻しの対象となっております。今年か、来年か、近いうちにこういっ
た大きな改正があるものと思われますので、今回ご紹介しました。

6. 納税環境整備

1 国税・地方税関係書類における押印義務の見直し

改正のポイント

〇行政改革に伴い、国税・地方税関係書類への押印が見直されます。

解　説

　納税環境整備につきましては、今回コロナによって逆にあぶり出された納税も含めた行政側の非効率の部分などが今回の見直しの対象になっています。

　具体的には、押印義務の見直しということで非常に話題になったところではありますけれども、図の【改正前】と【改正後】を見ていただくと、【改正後】については、もともと実印の押印や印鑑証明書の提出を必要としていたものを除いて、押印を要しないということですから、もともと認め印などでよかったもの、確定申告書やそれ以外にも扶養控除、保険料控除など、いろいろありましたけれども、そういったものについては押印を要しないというふうに変わっていきます。

　そして、「実務上の留意点」などもありますので、もともと押印を要しなくなるものについては、施行日前であっても押印がなくても、改めて求めることはありませんというところがうたわれています。

○以下のとおり提出者による押印が見直されます。

	【改正前】	【改正後】
国　税	税務書類を税務署等に提出する場合には押印が必要（国税通則法第124条）	実印の押印と印鑑証明書の提出を求める書類、財産の分割の協議に関する書類を除き押印を要しない
地方税	地方自治体の様式によっては押印が必要	押印を要しない

 押印を要しないこととする税務関係書類については、施行日前であっても運用上押印がなくても改めて求めないこととされます。

 令和3年4月1日以後に提出する税務関係書類について適用となります。

2　電子帳簿等保存制度の見直し①

改正のポイント

〇国税関係帳簿書類の電磁的記録等による保存制度の簡素化が行われます。

解　説

「電子帳簿等保存制度の見直し」ということで、まず内容として図の部分を見ていきます。

「電子帳簿保存制度に係る手続きの簡素化」ということで、【改正前】の①から見ていきます。事前に税務署長の承認を必要としていましたが、この承認制度が廃止されます。さらに②です。保存が認められる要件として、訂正・削除の履歴が確保できるシステムですとか、帳簿間の相互関連性を確保することですとか、検索機能、さらにいうならば、モニター、説明書等の備え付けもありました。

この部分について【改正後】は具体的にどうなるかといいますと、2行目の「現行の要件を充足して電子保存し、その旨を届け出た者については、その電子帳簿（優良な電子帳簿）に関連して過少申告があった場合には、過少申告加算税が5％軽減されます。」ということで、ある意味インセンティブが付与されています。

さらに、③で挙がっているように、「印刷して保存する」というところがありますが、【改正後】については、「データのダウンロードに応じることを要件に電子データのまま保存することが可能」となっています。

〇電子帳簿保存制度に係る手続きの簡素化が行われます。

	【改正前】	【改正後】
①	帳簿書類を電子データのまま保存する場合、**事前に税務署長の承認が必要**です。	**承認制度が廃止**されます。
②	電子帳簿保存が認められる要件 イ 「訂正等の履歴」、「帳簿間の相互関連性」及び「検索機能」があること ロ モニター、説明書等の備付	所得税、法人税又は消費税の保存義務が課される帳簿 （※1）について現行の要件を充足して電子保存し、**その旨を届け出た者については、その電子帳簿（優良な電子帳簿）に関連して過少申告があった場合には、過少申告加算税が5%軽減されます。** （重加算対象を含む場合を除く）
③	**②の要件を満たさない電子帳簿は紙を印刷して保存**する必要があります。	現行の②ロ（モニター、説明書等の備付）の要件を満たす電子帳簿（正規の簿記の原則に従って記録されるものに限定）についても、データのダウンロードに応じることを要件に**電子データのまま保存することが可能**とされます。

（※1）所得税・法人税については、総勘定元帳・仕訳帳等、青色申告者の保存帳簿をいいます。

適用時期 令和4年1月1日以後備付けを開始する国税関係帳簿又は保存を行う国税関係書類について適用となります。

3　電子帳簿等保存制度の見直し②

改正のポイント

○国税関係帳簿書類の電磁的記録等による保存制度の簡素化が行われます。

解　説

　図を見ていただければと思いますが、「青色申告特別控除の要件が以下のとおり見直されます」ということです。青色申告特別控除というのは、もともと正規の簿記の原則、これを守っていること、やっていることに対するインセンティブだったわけですが、それが今回見ていくと、こういったところを前提に適用できるように、幅が広がるように、枠が拡大していくようになっていますので、だんだん電子化へのインセンティブに移行していくのかなというところが、今回改正に入っています。

　さらに、電子取引に係るデータ保存の検索要件ということで、【改正後】はどうなるかといいますと、「日付、金額、取引先の3つの項目に限定」となります。

　さらに、②、③については、【改正後】については、「原則、左記のとおり」とありますが、一定要件の下に不要となりますということで、その一定要件は何でしょうかというと、国税庁からの「データのダウンロードの求めに応じる場合には、左記要件は不要」というようになります。

○青色申告特別控除の要件が以下の表のとおり見直されます。

控除額	【改正前】	【改正後】
①55万円	正規の簿記の原則に従い記録している者	正規の簿記の原則に従い記録している者
②65万円	①に加え、電子帳簿保存又はe-Taxによる電子申告をしている者	①に加え、優良電子帳簿保存（改正前要件を充足している電子帳簿）又はe-Taxによる電子申告をしている者
③10万円	①②以外の者	①②以外の者

○電子取引に係るデータ保存制度の検索要件が以下の表のとおり見直されます。

	【改正前】	【改正後】
①	**取引年月日その他の日付、取引金額その他の国税関係帳簿の種類に応じた主要な記録項目**を検索の条件として設定	左記につき、**日付、金額、取引先**の３つの項目に限定
②	日付又は金額に係る記録項目については、その範囲を指定して条件を設定	原則 左記の通り
③	2以上の任意の記録項目を組み合わせて条件を設定	但し、**データのダウンロードの求めに応じる場合**には、**左記要件は不要**とされます。

※売上高1,000万円以下の事業者等は、上記全ての検索要件が不要とされます。

適用時期 令和4年1月1日以後備付けを開始する国税関係帳簿又は保存を行う国税関係書類について適用となります。

4 電子帳簿等保存制度の見直し③

改正のポイント

○国税関係帳簿書類の電磁的記録等による保存制度の簡素化が行われます。

解 説

まずは、図の①をご覧ください。承認が必要という部分については、承認制度が廃止されます。

さらに、②イの部分です。「領収書に受領者が自署」ということで、今までは、都度、一個、一個、自署で記載することが必要だったのですが、改正によって領収書への自署を廃止し、ロの部分、タイムスタンプの付与については、期限が2ヶ月以内、3営業日以内と複数あったわけですけれども、これについては、最長約2ヶ月以内に統一されています。

そして、タイムスタンプの不要化については「訂正・削除履歴の残るクラウドに最長約2ヶ月以内に格納する場合」には、不要化されますということが書いてあります。

ハの部分の括弧書きを見ていきますと、「社内相互牽制・定期検査」と、これが今まで要件とされていました。具体的には、相互牽制ということでその領収書などの受領者、さらに経理担当者、そしてそれら以外の第三者によって相互に牽制し、3人の人が必要でした。定期検査は、年に1回以上の検査を行う必要がありました。この年に1回以上の検査が終わるまでは、原本保管が必要でしたが、こちらの要件については不要化されます。

そして、③についてはペナルティーです。要件が緩和された分ペナルティーが付加されています。

○スキャナ保存制度の要件緩和と不正行為に係る担保措置が創設されます。

	【改正前】	【改正後】
①	領収書等についてスキャナ保存する場合、**事前に税務署長の承認が必要です。**	**承認制度が廃止**されます。
②	原本とスキャナとの同一性を担保し、改ざん等を防止する観点から以下の要件の充足が必要です。 イ 領収書に**受領者が自署**（受領者がスキャンする場合） ロ タイムスタンプの付与 経理担当者がスキャンする場合： 最長約2ヶ月以内 **営業担当者がスキャン**する場合： 概ね**3営業日以内** ハ 原本とスキャナ画像とが同一である旨を**社内や税理士等がチェック**（社内相互牽制・定期検査）	左記要件については次のような取り扱いとなります。 イ **領収書への自署を廃止** ロ **タイムスタンプ付与までの期間は最長約2ヶ月以内に統一**（電子取引も同様） **タイムスタンプを不要化**（訂正・削除履歴の残るクラウドに最長約2ヶ月以内に格納する場合） ハ **社内相互牽制・定期検査を不要化**
③	現行要件だけでは改ざん等の抑止が不十分（例：定期検査では会社ぐるみの不正は防止不可）。	電子データに関連して**改ざん等の不正が把握**されたときは、**重加算税が10%加重**されます（電子取引も同様）。

適用時期 令和4年1月1日以後備付けを開始する国税関係帳簿又は保存を行う国税関係書類について適用となります。

5 電子帳簿等保存制度の見直し④

　「電子帳簿等保存制度の見直し」についてまとめます。上から見ていきますけれども、スキャナ保存業務の受領者読み取りの場合のフローです。領収書等の自署については、【改正後】は不要になっています。そして、タイムスタンプについては、【改正後】は最長2ヶ月以内、あるいは不要化される要件、こちらが改正によって設けられています。そして、やはり領収書等の自署については、不要になっておりますし、さらに、第三者による定期検査の部分や相互牽制の部分についても不要とされています。

　ということで、今回、自署がなくなりました。そして、期限の部分が3営業日も含めていたわけですが、最長の2ヶ月以内というところに統一が図られました。そして、タイムスタンプについては不要化されていきますし、さらにいうなら、社内相互牽制・定期検査についても廃止の方向になり、大幅に簡素化されます。

　ですが、当然のことながら、簡素化されたということですから、ペナルティーが付加されている部分もありますし、そういうことも含めまして、これからは企業の内部統制の部分が、より重要、必要になってくる部分かと思います。

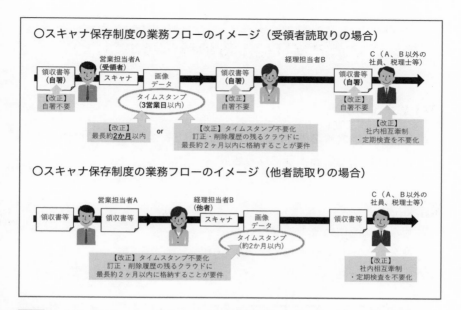

〇スキャナ保存制度の業務フローのイメージ（受領者読取りの場合）

〇スキャナ保存制度の業務フローのイメージ（他者読取りの場合）

適用 時期	令和4年1月1日以後備付けを開始する国税関係帳簿又は保存を行う国税関係書類について適用となります。

6 スマホアプリによる納付手段の創設①

改正のポイント

○国税及び地方税の納付手続きについて、スマートフォンの決済ア
プリが利用できるようになります。

解 説

こちらは端的にいうと、パソコンでできる内容については、スマホで
もできるようにしていきましょうということです。パソコン、スマホで
差がないように使えるようにしていくことがこちらの創設の要旨です。

○国税及び地方税の納付方法に、スマートフォンの決済アプリが追加されます。

	【改正前】	【改正後】
現金納付（金融機関・税務署等）	○	○
振替納税	○	○
インターネットバンキング	○	○
クレジットカード	○	○
コンビニエンスストア（納付書QRコード）	△（国税のみ）	△（国税のみ）
スマートフォンの決済アプリ	△（地方税は導入済の自治体もあり）	○

 実務上の留意点 税額は、スマホアプリ業者の取扱いを踏まえ、30万円以下に限定されます。

適用時期 令和4年1月4日以後に納付する国税及び地方税より適用となります。

7 スマホアプリによる納付手段の創設②

改正のポイント

〇国税及び地方税の納付手続きについて、スマートフォンの決済ア
プリが利用できるようになります。

解 説

国税及び地方税の納付方法が次のようになります。

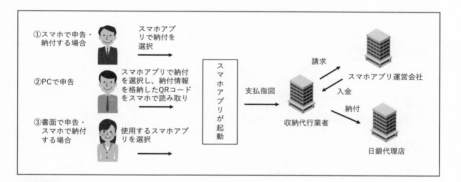

| 実務上の留意点 | 税額は、スマホアプリ業者の取扱いを踏まえ、30万円以下に限定されます。 |

| 適用時期 | 令和4年1月4日以後に納付する国税及び地方税より適用となります。 |

8 e-Taxによる申請等の方法の拡充

改正のポイント

○行政手続きのデジタル化推進に伴い、e-Taxによるイメージデータ（PDF形式）での提出が可能な書類の範囲が拡充されます。

解 説

e-Taxによるイメージデータ（PDF形式）での提出が可能な書類の範囲が、以下の通り拡充されます。

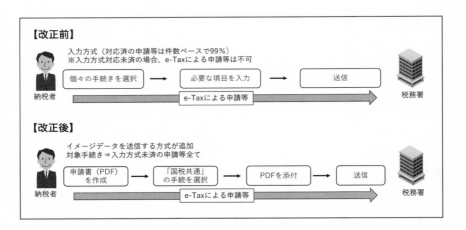

【改正前】

入力方式（対応済の申請等は件数ベースで99%）
※入力方式対応未済の場合、e-Taxによる申請等は不可

納税者　個々の手続きを選択 → 必要な項目を入力 → 送信　税務署
e-Taxによる申請等

【改正後】

イメージデータを送信する方式が追加
対象手続き⇒入力方式未済の申請等全て

納税者　申請書（PDF）を作成 → 「国税共通」の手続を選択 → PDFを添付 → 送信　税務署
e-Taxによる申請等

適用時期 令和3年4月1日以後に行う申請等より適用となります。

9 処分通知等の電子交付の拡充

改正のポイント

○税務当局からe-Taxを通じて交付される処分通知等について、**対象となる通知が新たに3つ加わります。**

解 説

納税者に対しe-Taxを通じて交付される処分通知等について、現行5種類^(※)に加え、新たに3つ加わります。

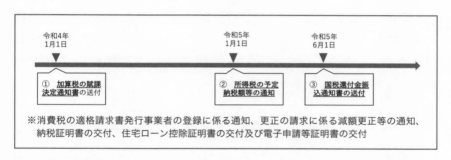

| 令和4年
1月1日 | | 令和5年
1月1日 | 令和5年
6月1日 |

① 加算税の賦課決定通知書の送付　② 所得税の予定納税額等の通知　③ 国税還付金振込通知書の送付

※消費税の適格請求書発行事業者の登録に係る通知、更正の請求に係る減額更正等の通知、納税証明書の交付、住宅ローン控除証明書の交付及び電子申請等証明書の交付

| 実務上の
留意点 | ②の通知について、予定納税額の減額承認申請に対する処分に係る通知を含みます。
なお、税務当局において、納税者が一定期間処分通知等の内容を確認していない場合、内容を確認するよう電話により連絡するなど運営上の対応が行われます。 |

| 適用
時期 | **①は令和4年1月1日以後**に行う送付について、**②は令和5年1月1日以後**に行う通知について、**③は令和5年6月1日以後**に行う送付について、それぞれ適用されます。 |

10 クラウドサービス等を活用した支払調書等の新しい提出方法の創設

改正のポイント

○支払調書等の提出をする者は、あらかじめ税務署長に届出を提出するなど一定の要件を満たした場合、クラウドサービス等を活用して支払調書等の提出をすることができます。

解 説

　支払調書等の提出をする者は、**①あらかじめ税務署長にクラウドを利用する旨の届出を提出**し、**②クラウド等に備えられたファイルに記載事項を記録**し、かつ、**③税務署長に対してファイル情報へのアクセス権を付与**することで、クラウドサービス等を活用した支払調書等の提出をすることができます。

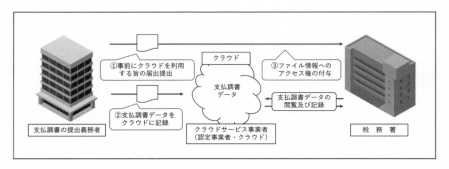

| 実務上の留意点 | 税務署長にファイル情報へのアクセス権を付与するため、電子署名及び電子証明書は不要になります。 |

| 適用時期 | 令和4年1月1日以後に提出する支払調書等について適用されます。 |

11 個人住民税の特別徴収税額通知の電子化

改正のポイント

○給与所得に係る特別徴収税額通知について、一定の要件を満たした場合、eLTAXを経由して当該通知が送付されます。

解 説

　給与所得に係る特別徴収税額通知（特別徴収義務者用）について、**eLTAXを経由して給与支払報告書を提出する**特別徴収義務者が申出をした場合、eLTAXを経由して特別徴収義務者へ当該通知が送付されます。

　給与所得に係る特別徴収税額通知（納税義務者用）について、**eLTAXを経由して給与支払報告書を提出する**特別徴収義務者で、個々の納税義務者に対し電磁的方法により通知内容を提供できる体制を有する者が申出をした場合、eLTAXを経由して当該通知が送付されます。

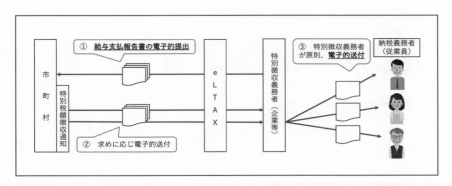

 実務上の留意点 給与支払報告書を電子的に提出する際に、特別徴収税額通知の**電子的送付の希望の有無を報告**します。現在選択的サービスとして行われている「電子データの副本送付」は終了になります。

適用時期 令和6年度分以後の個人住民税について適用されます。

12 源泉徴収関係書類の電子提出に係る 税務署長の承認の廃止

改正のポイント

○給与等、退職手当等又は公的年金等の支払を受ける者が、その支払をする者に対し、源泉徴収関係書類を電磁的方法により提供する場合に、税務署長の承認が不要となります。

解 説

源泉徴収関係書類を電磁的方法により提供する場合、税務署長の承認が不要となりますが、対象書類、適用時期等は以下の通りです。

【改正前】	【改正後】
給与等の支払を受ける者は、**その支払者が税務署長の承認を受けている場合に限り**、源泉徴収関係書類の書面提出に代えて、電子提出が可能。	電子提出の要件である**「支払者が受けるべき税務署長の承認」が不要**となります。

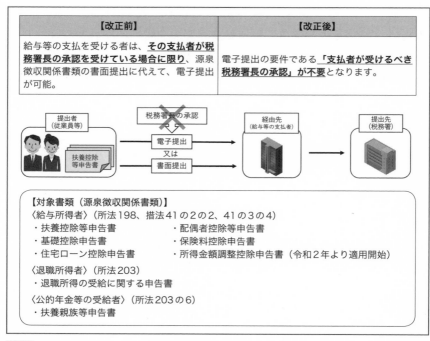

【対象書類（源泉徴収関係書類）】

〈給与所得者〉（所法198、措法41の2の2、41の3の4）

・扶養控除等申告書　　　　　　　・配偶者控除等申告書
・基礎控除申告書　　　　　　　　・保険料控除申告書
・住宅ローン控除申告書　　　　　・所得金額調整控除申告書（令和2年より適用開始）

〈退職所得者〉（所法203）

・退職所得の受給に関する申告書

〈公的年金等の受給者〉（所法203の6）

・扶養親族等申告書

適用時期 令和3年4月1日以後に提出する源泉徴収関係書類について適用となります。

13　申告義務のある者の還付申告書の提出期間の見直し

改正のポイント

○確定申告において、その年分の所得税の額の合計額が配当控除の額を超える場合には申告義務がありましたが、このうち還付となる場合には申告義務がなくなります。

○この場合の確定申告書の提出期間は現行の申告義務のない者の還付申告書の提出期間と同様となります。

解　説

　「**改正のポイント**」で「その年分の所得税の額の合計額が配当控除の額を超える場合」とありますが、現行では、還付申告であったとしても1月1日から3月15日の間に確定申告書を提出しなければならない、「義務」となっています。これを還付申告の場合には、申告義務をなくす、しなくてもいいということになります。

　図を見ていただきたいのですが、「新型コロナウイルスへの対応として確定申告会場への来場者を分散させる等の観点から、その年分の所得税の額の合計額が配当控除の額を超える場合であっても、控除しきれなかった外国税額控除の額があるとき、控除しきれなかった源泉徴収税額があるとき又は控除しきれなかった予定納税額があるとき」とあります。つまり、還付申告になるときは、確定申告書は提出義務がなくなります。

　ということなのですが【改正後】で「提出期間：翌年1月1日～5年間」申告義務がないのになぜ提出期間が書いてあるのかということですけれども、これは還付になる方は申告の「義務」がなくなっただけでして、還付を受けたい場合には、やはり申告しなければいけないからです。そのときの提出期間というのは、翌年1月1日から5年間ということに

なっております。

　さて申告の義務がなくなったというのは、歴然とした事実。では、この改正に伴って一つ考えたいのは、財産債務調書を提出しなければならない方の範囲です。財産債務調書を提出しなければならない方というのは、現行では、所得金額2,000万円超かつ所有財産が3億円以上、そして確定申告書を提出しなければならない方となっています。

　確定申告書を提出しなければならない方という、この要件が今回の還付申告の方は申告義務がなくなったわけですから、ここに引っかかってくるのではないかということですが、今回の改正で申告義務がなくなった方については、現行どおり、財産債務調書の提出対象者に含めることとするそうです。そのための所要の措置は今後講じるということですので、こちらにご注意いただきたいと思います。財産債務調書の提出対象者にはなるということです。

〇新型コロナウイルスへの対応として確定申告会場への来場者を分散させる等の観点から、その年分の所得税の額の合計額が配当控除の額を超える場合であっても、控除しきれなかった外国税額控除の額があるとき、控除しきれなかった源泉徴収税額があるとき又は控除しきれなかった予納税額があるときは、確定申告書の提出義務がなくなります。

	【改正前】	【改正後】
確定所得申告（納付申告）	・申告義務：あり ・提出期間：翌年2月16日〜 　　　　　　3月15日	同左
確定所得申告（還付申告）	・申告義務：**あり** ・提出期間：翌年1月1日〜 　　　　　　3月15日	・申告義務：**なし** ・提出期間：**翌年1月1日〜 　　　　　　5年間**
還付等を受けるための申告	・申告義務：なし ・提出期間：翌年1月1日〜 　　　　　　5年間	同左

 還付申告の義務がなくなっただけであり、還付を受けるためには還付申告書を提出期間内に提出する必要があります。

 令和4年1月1日以後に確定申告書の提出期限が到来する所得税について適用されます。

14　国外からの納付方法の拡充

改正のポイント

○国外に住所又は居所を有する納税者が行う国税の納付について、国外の金融機関を通じて国税収納官吏の国内銀行口座に送金する方法により行うことができることとされます。

解　説

　国外に住所又は居所を有する納税者の方の国税の納付については、現行は3つの手段があります。1つはクレジットカードで納付する。2つ目は電子納付する。3つ目は納税管理人を通じた納付です。この3つの方法で納付することになっているのですが、今後は国外に住む納税者の方が納付をしやすくするために、国外の金融機関から国内の税務署の口座に送金することで納付が可能ということになります。

　「実務上の留意点」に、「送金した日に国税の納付があったものとみなして」とありますので、着金日ではありません。そして、納付に必要な手続き等については、これから整えるということです。適用時期ですが令和4年の1月4日以後に納付する国税について適用ということになっております。

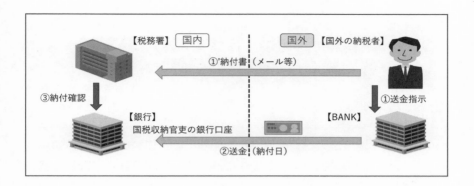

| 実務上の留意点 | 国外の金融機関を通じて送金した日に国税の納付があったものとみなして、延滞税、利子税等に関する規定が適用されます。 |

| 適用時期 | 令和4年1月4日以後に納付する国税について適用となります。 |

15 納税地の異動があった場合における質問検査権の管轄の整備

改正のポイント

〇法人税、地方法人税又は消費税に関する調査について、調査通知後に納税地の異動があった場合において、質問検査権の管轄の整備が行われます。

解 説

　「改正のポイント」に「法人税、地方法人税又は消費税に関する調査について、調査通知後に納税地の異動があった場合において、質問検査権の管轄の整備が行われます」とあります。この税目を見てのとおり、対象となるのは個人ではなく法人です。法人の税務調査のお話です。

　調査通知というのは何かというと、「実務上の留意点」の下のほうに書いてありますけれども、「調査の事前に行う納税義務者に対する」調査対象税目や期間の通知のことをいいます。この通知があった後に、納税地を異動してしまう法人が散見され、問題となっていました。

　実は質問検査権の行使というのは、「法人の納税地の所轄国税局又は所轄税務署の当該職員に限られる」という取り扱いとなっているのです。これを悪用して、税務署が調査に着手した後に納税地の異動を繰り返すことで、調査を回避するという法人が散見されるそうです。

　図にあるようにA税務署の管内に本店等所在地を有していたX社が税務調査の通知を受けた後に、別のB税務署の所轄の納税地に異動してしまう。そうしますと、現行の取り扱いでは、A税務署の当該職員が質問検査権を行使できないのですが、改正で今後は元の納税地のA税務署の職員がB税務署の職員に代わって質問検査権を行使することができるようになりました。

○法人税、地方法人税又は消費税の調査における質問検査権の行使は、法人の納税地の所轄国税局又は所轄税務署の当該職員に限られるという取扱いを悪用し、調査着手後に納税地の異動を繰り返すことで、法人税等の調査忌避を行う事例が散見されたため、是正のための改正が行われます。

○**改正後**は、旧納税地の所轄国税局長又は所轄税務署長が必要があると認めるときは、**新納税地**の当該職員に代わり**旧納税地**の当該職員が質問検査権を行使することが可能となります。

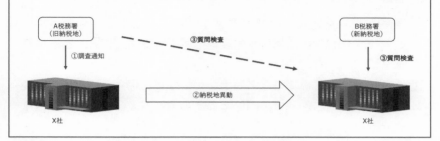

| 実務上の留意点 | 「調査通知」とは、調査の事前に行う納税義務者に対する調査の対象となる税目、期間等の通知をいいます。 |

| 適用時期 | 令和3年7月1日以後に新たに納税者に対して開始する調査及び当該調査に係る反面調査について適用となります。 |

16　納税管理人制度の拡充

改正のポイント

○納税管理人を定めるべき者が納税管理人の届出をしなかった場合、その納税者の所轄税務署長等は届出を要請できることとなります。

○上記の要請を受けてもなお届出をしなかった場合、所轄税務署長等は国内に住む納税者の関係者等を納税管理人として指定できることとなります。

解　説

　クロスボーダー取引が活発になる中、国内に拠点を持たない外国法人又は非居住者、つまり、国外に所在する納税者の方に対して税務調査を行う場合には、納税管理人への接触が必要になってくるのですが、中には必要であるにもかかわらず、納税管理人を選任しない方もいます。

　そうした場合、現行では、当局側に取り得る法的措置がないため非常に不便でした。そこで、効果的に税務調査を行うために、当局は税務調査に入るに当たって、この納税義務者に納税管理人の届け出を要請することができるようになり、これに応じない場合には、納税管理人を指定することができるようになりました。

　図の【改正後】(1)、税務調査を行う必要が生じた場合には、期限を定めて納税管理人の指定を要請することができるとあります。納税者に納税管理人を決めてくださいということができます。

　そして(2)、納税者がこの要請に応じない場合には、「納税者の一定の国内関連者を納税管理人として指定できる」とあります。一定の国内関連者とは、※にあるように、①納税者が個人の場合には配偶者等、②「納税者と国税の税額等の計算等で契約により密接な関係を有する者」とあ

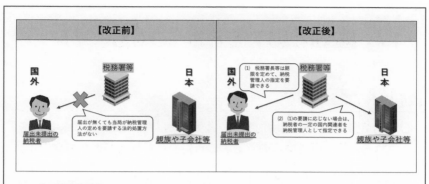

※一定の国内関連者
納税者が個人：①納税者と生計を一にする配偶者その他の親族で成年に達した者
　　　　　　　②納税者と国税の税額等の計算等で契約により密接な関係を有する者
　　　　　　　③納税者が継続的に行う取引の場を提供する事業者
納税者が法人：①法人の発行済株式等の50％以上保有し又は保有される関係その他特殊の関
　　　　　　　係のある法人
　　　　　　　②法人の役員又は生計を一にするその配偶者その他の親族で成年に達した者
　　　　　　　③納税者が個人の場合の②と③に掲げる者

　特定納税管理人の指定については、特定納税者及び特定納税管理人に対し、書面通知が
行われます。
また、通知内容に対し、両者による不服申立て又は訴訟が可能とされます。

　令和4年1月1日以後に行う要請及び指定について適用されます。

りますから、つまり税理士でしょうか。ですので、税理士も指定の対象
となるので、ちょっと心得ておかないとというところです。

17　国際的徴収回避行為への対応①

改正のポイント

○滞納処分免脱罪の適用対象に、納税者等が徴収共助による徴収を
　免れる目的で国外財産の隠蔽等の行為をした場合が追加されます。

解　説

　こちらは税金を滞納した方です。こういった方が徴収を免れたくて国
際的に財産を動かしてしまう、こういう行為への対応です。

　日本は、各国と徴収共助条約というものを結んでおり、このネットワー
クを使って、国外にある滞納納税者の財産を徴収することを要請できた
りします。国内で徴収しきれない税金滞納者の方が、この条約を結んで
いる外国に財産を持っていたとすると、条約によって日本はその国に徴
収を要請できるのですが、この条約が結ばれていない国もあります。

　この条約が結ばれていない国に、国内の財産を納税者が移した場合、図
の左側【改正前】、国内にある国内財産を国外の「徴収共助不可能国」に
移した場合、これについて、滞納処分免脱罪という刑罰を科すことができ
ます。実はこの刑罰は国内財産についてのみ科すことができるんです。

　では、納税者がそもそも「徴収共助可能国」に財産を持っていて、可
能国から不能国に財産を移した場合には、そもそも条約を結んでいませ
んから、徴収することもできませんし、なおかつ、注目していただきた
いのは、国外財産から国外財産、国外から国外への財産の移動です。滞
納処分免脱罪というこの刑罰を科すこともできないのです。ですので、
今回、国外から国外への財産の移動、つまり国外財産の隠蔽についても
この滞納処分免脱罪という刑罰を科すことを可能としたという改正がさ
れています。

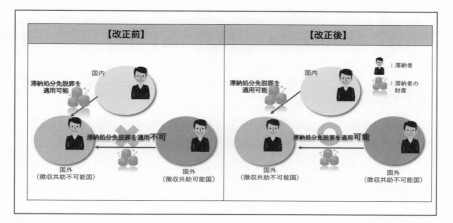

 令和4年1月1日以後にした違反行為について適用されます。

18 国際的徴収回避行為への対応②

改正のポイント

〇徴収共助を要請した滞納国税につき、滞納処分や徴収共助をしても徴収不足となる場合に、その不足が国外財産の無償譲渡等に基因するときは、その譲受人等に対し、第二次納税義務を賦課できることとなります。

解 説

国内財産について、現行は滞納した国税について徴収不足となっている場合、その不足が法定納付期限の1年以内になされた無償譲渡に起因するときは、その譲受人に対して、第二次納税義務というものを賦課することができます。これは国内財産についてです。

では、仮に国外徴収共助可能国に納税義務者が国外財産を持っていたとします。ここに財産を置いたままですと、条約によって徴収要請が可能な国ですので、滞納債権として持っていかれてしまいます。それを避けるために納税者が国内にいる配偶者にこの財産を無償譲渡した場合はどうなるでしょうか。

こちらは国外財産の無償譲渡ですので、先ほど申し上げたような、譲受人に対して第二次納税義務を課すことができなかったのです。しかし今回、国外財産の無償譲渡に起因して徴収不足となっていた場合においても、譲受人に対して第二次納税義務を課すことができるようになりました。

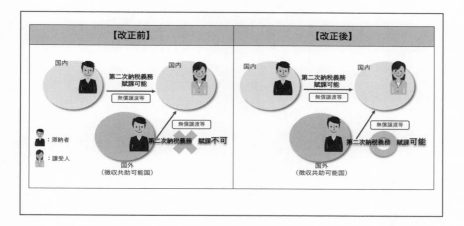

| 実務上の
留意点 | 徴収不足額が国税の法定納期限の1年前の日以後に行われた国外財産の無償譲渡等に適用されます。 |

| 適用
時期 | 令和4年1月1日以後に滞納となった国税に適用されます。（同日前に行われた無償譲渡等は適用されません。） |

資料
所得税法等の一部を改正する法律案要綱

所得税法等の一部を改正する法律案要綱

　ポストコロナに向けた経済構造の転換及び好循環の実現、家計の暮らしと民需の下支え等の観点から、事業適応設備を取得した場合等の特別償却又は特別税額控除制度及び認定事業適応法人の欠損金の損金算入の特例の創設、中小企業事業再編投資損失準備金制度の創設、住宅借入金等を有する場合の所得税額の特別控除制度の特例の延長等、納税環境の整備、租税特別措置の見直し等所要の措置を講ずることとし、次により所得税法等の一部を改正することとする。

一　所得税法の一部改正（第1条関係）

1　国又は地方公共団体が保育その他の子育てに対する助成を行う事業その他これに類する一定の事業により、その業務を利用する者の居宅その他一定の場所において保育その他の日常生活を営むのに必要な便宜の供与を行う業務又は認可外保育施設その他の一定の施設の利用に要する費用に充てるため支給される金品については、所得税を課さないこととする。（所得税法第9条関係）

2　障害者等の少額預金の利子所得等の非課税措置について、次の措置を講ずることとする。（所得税法第10条関係）

　(1)　非課税貯蓄申告書又は非課税貯蓄限度額変更申告書の提出をする者がその氏名等を金融機関の営業所等の長に告知をする場合において、これらの申告書への当該告知をした事項につき確認した旨の当該金融機関の営業所等の長の証印を要しないこととし、当該告知をした事項につき確認を受けなければならないこととする。

　(2)　次に掲げる書類の金融機関の営業所等に対する書面による提出に代えて、当該金融機関の営業所等に対して当該書類に記載すべき事項の電磁的方法による提供を行うことができることとする。この場合において、当該提供があったときは、当該書類の提出があったものとみなす。

　　①　非課税貯蓄申込書

　　②　非課税貯蓄申告書

　　③　非課税貯蓄限度額変更申告書

3　公共法人等及び公益信託等に係る非課税措置について、公社債等の利子等の非課税申告書の公社債等の利子等の支払をする者に対する書面による提出に代えて、当該公社債等の利子等の支払をする者に対して当該申告書に記載すべき事項の電磁的方法による提供を行うことができることとする。この場合において、当該提供があっ

たときは、当該申告書の提出があったものとみなす。（所得税法第11条関係）

4 退職所得課税について、次の見直しを行うこととする。（所得税法第30条、第201条、第203条関係）

(1) 短期退職手当等に係る退職所得の金額については、次に掲げる場合の区分に応じそれぞれ次に定める金額とする。

① 当該短期退職手当等の収入金額から退職所得控除額を控除した残額が300万円以下である場合 当該残額の2分の1に相当する金額

② 上記①に掲げる場合以外の場合 150万円と当該短期退職手当等の収入金額から300万円に退職所得控除額を加算した金額を控除した残額との合計額

(2) 短期退職手当等とは、退職手当等のうち、退職手当等の支払をする者から短期勤続年数（勤続年数のうち、役員等以外の者としての勤続年数が5年以下であるものをいう。）に対応する退職手当等として支払を受けるものであって、特定役員退職手当等に該当しないものをいう。

(注) 上記(1)及び(2)の改正は、令和4年分以後の所得税について適用する。（附則第5条関係）

(3) 上記(1)の見直しに伴い、退職手当等に係る源泉徴収税額の計算方法及び退職所得の受給に関する申告書の記載事項について、所要の整備を行う。

(注) 上記(3)の改正は、令和4年1月1日以後に支払うべき退職手当等について適用する。（附則第9条関係）

5 居住者が納付する医薬品、医療機器等の品質、有効性及び安全性の確保等に関する法律の規定による課徴金及び延滞金の額は、必要経費に算入しないこととする。（所得税法第45条関係）

6 寄附金控除について、その対象となる公益の増進に著しく寄与する法人の主たる目的である業務に関連する寄附金から出資に関する業務に充てられることが明らかな寄附金を除外することとする。（所得税法第78条関係）

7 所得税の確定所得申告について、その計算した所得税の額の合計額が配当控除の額を超える場合であっても、控除しきれなかった外国税額控除の額があるとき、控除しきれなかった源泉徴収税額があるとき、又は控除しきれなかった予納税額があるときは、その申告書の提出を要しないこととするほか、源泉徴収税額等及び予納税額の還付に係る還付加算金の計算期間等について、所要の整備を行うこととする。（所得税法第120条、第122条、第123条、第125条、第127条、第159条、第160条関係）

(注) 上記の改正は、確定申告期限が令和4年1月1日以後となる所得税の確定申告書について適用する。（附則第7条関係）

8　給与所得者の源泉徴収に関する申告書の提出時期等の特例等について、給与等、退職手当等又は公的年金等（以下「給与等」という。）の支払を受ける者が、給与等の支払者に対し、次に掲げる申告書の書面による提出に代えて当該申告書に記載すべき事項の電磁的方法による提供を行う場合の要件であるその給与等の支払者が受けるべき税務署長の承認を不要とするほか、これに伴う所要の措置を講ずることとする。（所得税法第198条、第203条、第203条の6関係）

　⑴　給与所得者の扶養控除等申告書

　⑵　従たる給与についての扶養控除等申告書

　⑶　給与所得者の配偶者控除等申告書

　⑷　給与所得者の基礎控除申告書

　⑸　給与所得者の保険料控除申告書

　⑹　退職所得の受給に関する申告書

　⑺　公的年金等の受給者の扶養親族等申告書

9　その他所要の規定の整備を行うこととする。

二　法人税法の一部改正（第2条関係）

1　寄附金の損金不算入制度について、次の見直しを行うこととする。（法人税法第37条関係）

　⑴　寄附金の損金不算入に対する特例制度について、その対象となる公益の増進に著しく寄与する法人の主たる目的である業務に関連する寄附金から出資に関する業務に充てられることが明らかな寄附金を除外する。

　⑵　収益事業に属する資産のうちからその収益事業以外の事業のために支出した金額を収益事業に係る寄附金の額とみなす制度について、その対象から事実を隠蔽し、又は仮装して経理をすることにより支出した金額を除外する。

2　工事負担金で取得した固定資産等の圧縮額の損金算入制度について、その対象事業に電気事業法に規定する配電事業を加えることとする。（法人税法第45条関係）

3　法人が納付する医薬品、医療機器等の品質、有効性及び安全性の確保等に関する法律の規定による課徴金及び延滞金の額は、損金の額に算入しないこととする。（法人税法第55条関係）

4　その他所要の規定の整備を行うこととする。

三　相続税法の一部改正（第3条関係）

1　相続開始又は贈与の時において国外に住所を有する日本国籍を有しない者等

が、在留資格を有し、かつ、国内に住所を有する被相続人又は贈与者から相続等又は贈与により財産を取得した場合については、国内財産のみを相続税又は贈与税の課税対象とすることとする。（相続税法第1条の3、第1条の4関係）

2　その他所要の規定の整備を行うこととする。

四　消費税法の一部改正（第4条関係）

1　事業者により保存されている電磁的記録に記録された事項に関し期限後申告等があった場合において、その税額の計算の基礎となるべき事実を隠蔽し、又は仮装していたところに基づき当該期限後申告等をしていたときの重加算税の額については、通常課される重加算税の額に当該期限後申告等に係る重加算税の額の計算の基礎となるべき税額（当該電磁的記録に記録された事項に係る事実に基づく税額に限る。）の100分の10に相当する金額を加算した金額とすることとする。（消費税法第59条の2関係）

（注）上記の改正は、令和4年1月1日以後に法定申告期限等が到来する消費税について適用する。（附則第12条関係）

2　その他所要の規定の整備を行うこととする。

五　国税通則法の一部改正（第5条関係）

1　国税を納付しようとする者で国外に住所又は居所を有するものは、金融機関の国外営業所等を通じてその税額に相当する金銭をその国税の収納を行う税務署の職員の預金口座（国税の納付を受けるために開設されたものに限る。）に対して払込みをすることにより納付することができることとする。この場合において、その国税の納付は、その金融機関の国外営業所等を通じて送金した日においてされたものとみなして、附帯税等の規定を適用する。（国税通則法第34条関係）

（注）上記の改正は、令和4年1月4日から施行する。（附則第1条関係）

2　法人税等（法人税、地方法人税又は消費税をいう。以下同じ。）についての調査通知があった後にその納税地に異動があった場合において、その異動前の納税地の所轄税務署長等が必要があると認めるときは、その異動前の納税地の所轄税務署等の当該職員は、その異動後の納税地の所轄税務署等の当該職員に代わり、その法人税等に関する調査に係る納税義務者等に対し、質問検査等を行うことができることとする。（国税通則法第74条の2関係）

（注）上記の改正は、令和3年7月1日以後に法人税等に関する調査に係る納税義務者等に対して行う質問検査等（同日前から引き続き行われている調査に係

るものを除く。）について適用する。（附則第13条関係）

3 再調査の請求書等を補正する際に作成する録取書及び国税に関する法律に基づき税務署長等に提出する税務書類について、押印を要しないこととする。（国税通則法第81条、第91条、第124条関係）

4 納税管理人制度について、次の措置を講ずることとする。（国税通則法第117条関係）

(1) 納税管理人を定めるべき納税者が納税管理人の届出をしなかったときは、所轄税務署長等は、その納税者に対し、納税管理人に処理させる必要があると認められる事項（以下「特定事項」という。）を明示して、60日を超えない範囲内においてその準備に通常要する日数を勘案して指定する日（以下「指定日」という。）までに、納税管理人の届出をすべきことを書面で求めることができる。

(2) 納税管理人を定めるべき納税者が納税管理人の届出をしなかったときは、所轄税務署長等は、国内に住所又は居所を有する者で特定事項の処理につき便宜を有するもの（以下「国内便宜者」という。）に対し、その納税者の納税管理人となることを書面で求めることができる。

(3) 所轄税務署長等は、上記(1)の納税者（以下「特定納税者」という。）が指定日までに納税管理人の届出をしなかったときは、上記(2)により納税管理人となることを求めた国内便宜者のうち次に掲げる場合の区分に応じそれぞれ次に定める者を、特定事項を処理させる納税管理人として指定することができる。

① その特定納税者が個人である場合　次に掲げる者

　イ　その特定納税者と生計を一にする配偶者その他の親族で成年に達した者

　ロ　その特定納税者に係る国税の課税標準等又は税額等の計算の基礎となるべき事実についてその特定納税者との間の契約により密接な関係を有する者

　ハ　電子情報処理組織を使用して行われる取引その他の取引をその特定納税者が継続的に又は反復して行う場を提供する事業者

② その特定納税者が法人である場合　次に掲げる者

　イ　その特定納税者との間にいずれか一方の法人が他方の法人の発行済株式等の100分の50以上を直接又は間接に保有する関係その他の特殊の関係のある法人

　ロ　その特定納税者の役員又はその役員と生計を一にする配偶者その他の親族で成年に達した者

　ハ　上記①ロ又はハに掲げる者

⑷　その他所要の措置を講ずる。

　（注）上記の改正は、令和4年1月1日から施行する。（附則第1条関係）

5　その他所要の規定の整備を行うこととする。

六　国税徴収法の一部改正（第6条関係）

1　滞納者の国税につき徴収共助の要請をした場合に徴収をしてもなお徴収不足であると認められる場合において、その徴収不足がその国税の法定納期限の1年前の日以後に滞納者がその財産につき行った無償譲渡等に基因すると認められるときは、その無償譲渡等の譲受人等は、第二次納税義務を負うこととする。（国税徴収法第39条関係）

　（注）上記の改正は、令和4年1月1日以後に滞納となった国税（同日前に行われた無償譲渡等に係るものを除く。）について適用する。（附則第14条関係）

2　滞納処分免脱罪の適用対象に、納税者等が徴収共助の要請による徴収を免れる目的でその財産の隠蔽等の行為をした場合を加えることとする。（国税徴収法第187条関係）

　（注）上記の改正は、令和4年1月1日以後にした違反行為について適用する。（附則第131条関係）

3　その他所要の規定の整備を行うこととする。

七　租税特別措置法の一部改正（第7条関係）

1　個人所得課税

　⑴　利子所得の分離課税等について、同族会社が発行した社債の利子のうち、その同族会社の判定の基礎となる株主である法人がその支払を受ける者（以下「対象者」という。）と特殊の関係のある法人である場合における当該対象者その他の一定の者が支払を受けるものを適用対象から除外し、総合課税の対象とすることとする。（租税特別措置法第3条関係）

　⑵　国外で発行された公社債等の利子所得の分離課税等について、国外公社債等の利子等の源泉徴収不適用申告書の支払の取扱者に対する書面による提出に代えて、当該支払の取扱者に対して当該申告書に記載すべき事項の電磁的方法による提供を行うことができることとする。この場合において、当該提供があったときは、当該申告書の提出があったものとみなす。（租税特別措置法第3条の3関係）

　⑶　障害者等の少額公債の利子の非課税措置について、次の措置を講ずることとする。（租税特別措置法第4条関係）

① 特別非課税貯蓄申告書又は特別非課税貯蓄限度額変更申告書の提出をする者がその氏名等を金融機関の営業所等の長に告知をする場合において、これらの申告書への当該告知をした事項につき確認した旨の当該金融機関の営業所等の長の証印を要しないこととし、当該告知をした事項につき確認を受けなければならないこととする。

② 次に掲げる書類の金融機関の営業所等に対する書面による提出に代えて、当該金融機関の営業所等に対して当該書類に記載すべき事項の電磁的方法による提供を行うことができることとする。この場合において、当該提供があったときは、当該書類の提出があったものとみなす。

　イ　特別非課税貯蓄申込書

　ロ　特別非課税貯蓄申告書

　ハ　特別非課税貯蓄限度額変更申告書

(4) 勤労者財産形成住宅（年金）貯蓄の利子所得等の非課税措置について、次の措置を講ずることとする。（租税特別措置法第4条の3の2関係）

① 勤労者、勤務先の長又は事務代行先の長（以下「提出者」という。）は、次に掲げる書類（以下「財産形成非課税申込書等」という。）について、当該財産形成非課税申込書等の提出を受けるべき者が一定の要件を満たす場合には、財産形成非課税申込書等の提出に代えて、その者に対し、当該財産形成非課税申込書等に記載すべき事項の電磁的方法による提供を行うことができることとする。この場合において、当該提出者は、氏名又は名称を明らかにする措置であって一定のものを講じなければならないものとし、当該措置を講じているときは、その財産形成非課税申込書等を提出したものとみなす。

　イ　財産形成非課税住宅貯蓄申込書

　ロ　財産形成非課税住宅貯蓄申告書

　ハ　財産形成非課税住宅貯蓄限度額変更申告書

　ニ　財産形成非課税年金貯蓄申込書

　ホ　財産形成非課税年金貯蓄申告書

　ヘ　財産形成非課税年金貯蓄限度額変更申告書

② 提出者は、上記①により上記①ロ又はホに掲げる申告書に記載すべき事項を電磁的方法により提供する場合には、これらの申告書の提出の際に経由すべき勤務先（当該勤務先が委託勤務先である場合には、当該委託に係る事務代行先）の長の最高限度額等を証する書類の提出に代えて、当該書類に記載されるべき事項の電磁的方法による提供を行うことができることとする。こ

の場合において、当該提出者は、これらの申告書に当該書類を添付して、提出したものとみなす。

(5) 特定寄附信託の利子所得の非課税措置について、次の措置を講ずることとする。（租税特別措置法第4条の5関係）

① 特定寄附信託申告書及び特定寄附信託契約の契約書の写しは、特定寄附信託の受託者の営業所等を経由して、当該特定寄附信託の受託者の営業所等の所在地の所轄税務署長（現行：当該申告書の提出をする居住者の住所地の所轄税務署長）に提出しなければならないこととする。

② 特定寄附信託申告書の特定寄附信託の受託者の営業所等に対する書面による提出に代えて、当該特定寄附信託の受託者の営業所等に対して当該申告書に記載すべき事項の電磁的方法による提供を行うことができることとする。この場合において、当該提供があったときは、当該申告書の提出があったものとみなす。

③ 上記②により特定寄附信託申告書に記載すべき事項を電磁的方法により提供する場合には、特定寄附信託の受託者の営業所等に対する書面による特定寄附信託契約の契約書の写しの提出に代えて、当該特定寄附信託の受託者の営業所等に対して当該写しに記載されるべき事項の電磁的方法による提供を行うことができることとする。この場合において、当該提供を行った居住者は、当該申告書に当該写しを添付して、提出したものとみなす。

(6) 金融機関等の受ける利子所得等に対する源泉徴収の不適用について、金融機関が支払を受ける収益の分配に対する源泉徴収不適用に係る明細書の支払の取扱者に対する書面による提出に代えて、当該支払の取扱者に対して当該明細書に記載すべき事項の電磁的方法による提供を行うことができることとする。この場合において、当該提供があったときは、当該明細書の提出があったものとみなす。（租税特別措置法第8条関係）

(7) 公募株式等証券投資信託の受益権を買い取った金融商品取引業者等が支払を受ける収益の分配に係る源泉徴収の特例について、公募株式等証券投資信託の受益権を買い取った金融商品取引業者等が支払を受ける収益の分配に係る源泉徴収不適用申告書の公募株式等証券投資信託の収益の分配の支払をする者に対する書面による提出に代えて、当該公募株式等証券投資信託の収益の分配の支払をする者に対して当該申告書に記載すべき事項の電磁的方法による提供を行うことができることとする。この場合において、当該提供があったときは、当該申告書の提出があったものとみなす。（租税特別措置法第9条の5関係）

(8) 青色申告特別控除の控除額65万円の適用要件である帳簿書類の電磁的記録

等による保存等について、その年分の事業に係る一定の帳簿書類に係る電磁的記録等の備付け及び保存が国税の納税義務の適正な履行に資するものとして一定の要件を満たしていること（現行：その年分の事業に係る一定の帳簿書類につき電子計算機を使用して作成する国税関係帳簿書類の保存方法等の特例に関する法律に規定する電磁的記録等の備付け及び保存を行っていること）とするほか、国税関係帳簿書類の電磁的記録等による保存制度における承認制度の廃止に伴う所要の整備を行うこととする。（租税特別措置法第25条の2関係）

(注) 上記の改正は、令和4年分以後の所得税について適用する。なお、青色申告書を提出することにつき税務署長の承認を受けている個人が、その年において一定の帳簿書類の電磁的記録等による備付け及び保存に係る承認を受けて当該帳簿書類の電磁的記録等による備付け及び保存を行っている場合には、その年において上記の要件を満たしているものとみなす。（附則第34条関係）

(9) 優良住宅地の造成等のために土地等を譲渡した場合の長期譲渡所得の課税の特例の適用対象となるマンション敷地売却事業について、その認定買受計画に、決議特定要除却認定マンション（現行：決議要除却認定マンション）を除却した後の土地に新たに建築される一定のマンションに関する事項等の記載があるマンション敷地売却事業とすることとする。（租税特別措置法第31条の2関係）

(10) 換地処分等に伴い資産を取得した場合の課税の特例の適用対象に、マンションの建替え等の円滑化に関する法律の敷地分割事業が実施された場合においてその資産に係る敷地権利変換により除却敷地持分等を取得したときを加えることとする。（租税特別措置法第33条の3、第65条、第68条の72関係）

(11) 特定住宅地造成事業等のために土地等を譲渡した場合の1,500万円特別控除について、次の措置を講ずることとする。（租税特別措置法第34条の2、第65条の4、第68条の75関係）

① 適用対象となる特定の民間住宅地造成事業のための土地等の譲渡について、次の見直しを行った上、その適用期限を3年延長する。

イ 適用対象から開発許可を受けて行われる一団の宅地造成事業に係る土地等の譲渡を除外する。

ロ 適用対象となる土地区画整理事業として行われる一団の宅地造成事業に係る土地等の譲渡について、施行地区の全部が市街化区域に含まれる土地区画整理事業として行われる一団の宅地造成事業に係る土地等の譲渡に限定する。

② 適用対象となるマンション敷地売却事業について、通行障害既存耐震不適格建築物に該当する決議特定要除却認定マンション（現行：決議要除却認定

マンション）の敷地の用に供されている土地等につき実施されたマンション敷地売却事業とする。

⑿ 一般株式等に係る譲渡所得等の課税の特例について、同族会社が発行した社債の償還金のうち、その同族会社の判定の基礎となる株主である法人がその支払を受ける者（以下「対象者」という。）と特殊の関係のある法人である場合における当該対象者その他の一定の者が支払を受けるものを適用対象から除外し、総合課税の対象とすることとする。（租税特別措置法第37条の10関係）

⒀ 特定管理株式等が価値を失った場合の株式等に係る譲渡所得等の課税の特例の適用対象から、特定保有株式を除外することとする。（租税特別措置法第37条の11の2関係）

⒁ 特定口座内保管上場株式等の譲渡による所得等に対する源泉徴収等の特例等について、次の措置を講ずることとする。（租税特別措置法第37条の11の4、第37条の11の6関係）

① 特定口座源泉徴収選択届出書及び源泉徴収選択口座内配当等受入開始届出書の書面による提出に代えて行う電磁的方法によるこれらの書類に記載すべき事項の提供の際に併せて行うこととされている住所等確認書類の提示又は特定署名用電子証明書等の送信を要しないこととする。

② 居住者等の源泉徴収選択口座を開設している金融商品取引業者等は、当該源泉徴収選択口座においてその年中に行われた対象譲渡等につき金融商品取引法の投資一任契約に係る一定の費用の金額がある場合には、当該居住者等に対し、当該費用の金額（当該金額が当該源泉徴収選択口座においてその年最後に行われた対象譲渡等に係る源泉徴収口座内通算所得金額を超える場合には、その超える部分の金額を控除した金額）の15％相当額の所得税を還付しなければならないこととする。

　（注）上記②の改正は、令和4年1月1日以後に行われる対象譲渡等について適用する。（附則第36条関係）

⒂ 特定中小会社が発行した株式の取得に要した金額の控除等、特定中小会社が発行した株式に係る譲渡損失の繰越控除等及び特定新規中小会社が発行した株式を取得した場合の課税の特例の適用対象となる沖縄振興特別措置法の指定会社に係る同法の規定に基づく指定期限を1年延長することとする。（租税特別措置法第37条の13関係）

⒃ 非課税口座内の少額上場株式等に係る配当所得及び譲渡所得等の非課税措置等について、次に掲げる書類の書面による提出に代えて行う電磁的方法による

当該書類に記載すべき事項の提供の際に併せて行うこととされている住所等確認書類の提示又は特定署名用電子証明書等の送信を要しないこととする。（租税特別措置法第37条の14、第37条の14の2関係）

① 金融商品取引業者等変更届出書

② 非課税口座廃止届出書

③ 未成年者口座廃止届出書

⒄ 相続財産に係る譲渡所得の課税の特例について、対象となる相続財産に、相続財産につきマンションの建替え等の円滑化に関する法律の敷地権利変換により除却敷地持分等を取得した場合の課税の特例の適用を受けた場合におけるその敷地権利変換により取得した除却敷地持分等を加えることとする。（租税特別措置法第39条関係）

⒅ 年末調整に係る住宅借入金等を有する場合の所得税額の特別控除等について、給与等の支払を受ける者が、給与等の支払者に対し、次に掲げる申告書の書面による提出に代えて当該申告書に記載すべき事項の電磁的方法による提供を行う場合の要件であるその給与等の支払者が受けるべき税務署長の承認を不要とするほか、これに伴う所要の措置を講ずることとする。（租税特別措置法第41条の2の2、第41条の3の4関係）

① 給与所得者の住宅借入金等を有する場合の所得税額の特別控除申告書

② 所得金額調整控除申告書

⒆ 特定一般用医薬品等購入費を支払った場合の医療費控除の特例について、次の措置を講じた上、その適用期限を5年延長することとする。（租税特別措置法第41条の17関係）

① 対象となる医薬品の範囲について、次の見直しを行う。

　イ　その使用による医療保険療養給付費の適正化の効果が低いと認められるものを除外する。ただし、令和4年1月1日から、同日から令和8年12月30日までの間の一定の日までの期間内に行った一般用医薬品等の購入の対価の支払については、この除外する措置を適用しない。

　ロ　その製造販売の承認の申請に際して現行の本特例の対象となる医薬品と同種の効能又は効果を有すると認められる医薬品（現行の本特例の対象となる医薬品を除く。）のうち、その使用による医療保険療養給付費の適正化の効果が著しく高いと認められるものとして一定のものを追加する。

② 本特例の適用を受ける者がその年中に健康の保持増進及び疾病の予防への取組として一定の取組を行ったことを明らかにする書類の確定申告書への添

付又は提示を要しないこととし、当該取組の名称その他一定の事項を特定一般用医薬品等購入費の明細書に記載しなければならないこととする。この場合において、税務署長は、その適用を受ける者に対し、確定申告期限等から5年間、当該取組を行ったことを明らかにする書類の提示又は提出を求めることができることとし、当該求めがあったときは、その適用を受ける者は、当該書類の提示又は提出をしなければならない。

　　（注）上記①の改正は令和4年分以後の所得税について、上記②の改正は令和3年分以後の確定申告書を令和4年1月1日以後に提出する場合について、それぞれ適用する。（附則第38条関係）

⒇　認定特定非営利活動法人等に寄附をした場合の寄附金控除の特例又は所得税額の特別控除制度について、その対象となる認定特定非営利活動法人等の行う特定非営利活動に係る事業に関連する寄附から出資に関する業務に充てられることが明らかな寄附を除外することとする。（租税特別措置法第41条の18の2関係）

2　法人課税

⑴　試験研究を行った場合の特別税額控除制度について、次のとおり見直しを行うこととする。（租税特別措置法第10条、第42条の4、第68条の9関係）

　①　一般の試験研究費の額に係る特別税額控除制度について、次のとおりとする。

　　イ　特別税額控除割合を次に掲げる場合の区分に応じそれぞれ次に定める割合（100分の10を上限とする。）とする。

　　　㈑　㈔に掲げる場合以外の場合　100分の10.145から、100分の9.4から増減試験研究費割合を減算した割合に0.175を乗じて計算した割合を減算した割合（100分の2を下限とする。）

　　　㈔　当該事業年度が設立事業年度である場合又は比較試験研究費の額が零である場合　100分の8.5

　　ロ　令和3年4月1日から令和5年3月31日までの間に開始する各事業年度については、上記イにかかわらず、特別税額控除割合を次に掲げる場合の区分に応じそれぞれ次に定める割合とした上、その特別税額控除割合（下記ニの措置の適用がある場合にはその適用後）の上限を100分の14とする。

　　　㈑　増減試験研究費割合が100分の9.4を超える場合　100分の10.145に、その増減試験研究費割合から100分の9.4を控除した割合に0.35を乗じて計算した割合を加算した割合

　　　㈔　増減試験研究費割合が100分の9.4以下である場合　100分の10.145から、100分の9.4からその増減試験研究費割合を減算した割合に0.175

を乗じて計算した割合を減算した割合（100分の2を下限とする。）

(ハ) 当該事業年度が設立事業年度である場合又は比較試験研究費の額が零である場合　100分の8.5

ハ　令和3年4月1日から令和5年3月31日までの間に開始する各事業年度のうち基準年度比売上金額減少割合が100分の2以上であり、かつ、試験研究費の額が基準年度試験研究費の額を超える事業年度の控除上限額に当期の税額の100分の5相当額を加算する。

ニ　試験研究費割合が100分の10を超える場合における特別税額控除割合を割り増す措置及び控除上限額を加算する措置の適用期限を2年延長する。

② 中小企業技術基盤強化税制について、次のとおりとする。

イ　増減試験研究費割合が100分の8を超える場合の措置を増減試験研究費割合が100分の9.4を超える場合に次のとおりとする措置に見直した上、その適用期限を2年延長する。

(イ) 特別税額控除割合に、その増減試験研究費割合から100分の9.4を控除した割合に0.35を乗じて計算した割合を加算する。

(ロ) 控除上限額に当期の税額の100分の10相当額を加算する。

ロ　上記①ハと同様の措置を講ずる。

ハ　試験研究費割合が100分の10を超える場合における特別税額控除割合を割り増す措置及び試験研究費割合が100分の10を超える場合（上記イの場合を除く。）における控除上限額を加算する措置の適用期限を2年延長する。

③ 特別試験研究費の額に係る特別税額控除制度について、共同研究又は委託研究であって国立研究開発法人その他これに準ずる者における研究開発の成果を実用化するために行うものに係る一定の試験研究費の額の特別税額控除割合を100分の25とする。

④ 試験研究費の額について、次の見直しを行う。

イ　研究開発費として損金経理をした金額のうち、棚卸資産若しくは固定資産（事業の用に供する時において試験研究の用に供する固定資産を除く。）の取得に要した金額とされるべき費用の額又は繰延資産（試験研究のために支出した費用に係る繰延資産を除く。）となる費用の額を加える。

ロ　売上原価等の原価の額、新たな知見を得るため又は利用可能な知見の新たな応用を考案するために行う試験研究に該当しない試験研究のために要する費用の額並びに上記イの固定資産又は繰延資産の償却費、除却による損失及び譲渡による損失の額を除外する。

(2)　中小企業者等が機械等を取得した場合の特別償却又は特別税額控除制度について、次のとおり見直しを行った上、その適用期限を2年延長することとする。（租税特別措置法第10条の3、第42条の6、第68条の11関係）

　①　適用対象となる法人に商店街振興組合を加えるとともに、適用対象となる中小企業者を上記(1)の制度の中小企業者とする。

　②　対象資産から匿名組合契約その他これに類する一定の契約の目的である事業の用に供するものを除外する。

(3)　沖縄の特定地域において工業用機械等を取得した場合の特別税額控除制度について、対象資産のうち特定高度情報通信技術活用システムの開発供給及び導入の促進に関する法律の一定の特定高度情報通信技術活用システムに該当するものを認定特定高度情報通信技術活用設備を取得した場合の特別償却又は特別税額控除制度の対象となるものに限定した上、その適用期限を1年延長することとする。（租税特別措置法第42条の9、第68条の13関係）

(4)　中小企業者等が特定経営力向上設備等を取得した場合の特別償却又は特別税額控除制度について、適用対象となる中小企業者を上記(1)の制度の中小企業者とした上、その適用期限を2年延長することとする。（租税特別措置法第10条の5の3、第42条の12の4、第68条の15の5関係）

(5)　給与等の引上げ及び設備投資を行った場合等の特別税額控除制度について、次のとおり見直しを行った上、その適用期限を2年延長することとする。（租税特別措置法第10条の5の4、第42条の12の5、第68条の15の6関係）

　①　青色申告書を提出する事業者が、国内新規雇用者に対して給与等を支給する場合において、新規雇用者給与等支給額から新規雇用者比較給与等支給額を控除した金額のその新規雇用者比較給与等支給額に対する割合が100分の2以上であるときは、控除対象新規雇用者給与等支給額の100分の15（教育訓練費の額から比較教育訓練費の額を控除した金額のその比較教育訓練費の額に対する割合が100分の20以上である場合には、100分の20）相当額の特別税額控除ができる。ただし、特別税額控除額については、当期の税額の100分の20相当額を限度とする。

　②　青色申告書を提出する中小企業者等（中小企業者のうち適用除外事業者に該当するものを除く。）が、各事業年度（上記①の措置の適用を受ける事業年度を除く。）において国内雇用者に対して給与等を支給する場合において、雇用者給与等支給額から比較雇用者給与等支給額を控除した金額のその比較雇用者給与等支給額に対する割合が100分の1.5以上であるときは、控除対

象雇用者給与等支給増加額の100分の15（次に掲げる要件を満たす場合には、100分の25）相当額の特別税額控除ができる。ただし、特別税額控除額については、当期の税額の100分の20相当額を限度とする。

 イ 雇用者給与等支給額から比較雇用者給与等支給額を控除した金額のその比較雇用者給与等支給額に対する割合が100分の2.5以上であること。

 ロ 次に掲げる要件のいずれかを満たすこと。

  ㈠ 教育訓練費の額から比較教育訓練費の額を控除した金額のその比較教育訓練費の額に対する割合が100分の10以上であること。

  ㈡ その中小企業者等が、その事業年度終了の日までにおいて中小企業等経営強化法の認定を受けたものであり、その認定に係る経営力向上計画に記載された経営力向上が確実に行われたことにつき証明がされたものであること。

(6) 事業適応設備を取得した場合等の特別償却又は特別税額控除制度の創設（租税特別措置法第10条の5の6、第42条の12の7、第68条の15の7関係）

 ① 青色申告書を提出する事業者で産業競争力強化法に規定する認定事業適応事業者であるものが、産業競争力強化法等の一部を改正する等の法律の施行の日から令和5年3月31日までの間に、情報技術事業適応の用に供するために特定ソフトウエアの新設若しくは増設をし、又は情報技術事業適応を実施するために利用するソフトウエアのその利用に係る費用（繰延資産となるものに限る。）を支出する場合において、その新設又は増設に係る特定ソフトウエア並びにその特定ソフトウエア又はその利用するソフトウエアとともに情報技術事業適応の用に供する機械装置及び器具備品（主として産業試験研究の用に供される一定のものを除く。）の取得等をして、その事業者の事業の用に供したときは、その取得価額（下記②の制度の対象となる資産と合計して300億円を上限とする。）の100分の30相当額の特別償却とその取得価額の100分の3（情報技術事業適応のうち産業競争力の強化に著しく資する一定のものの用に供するものについては、100分の5）相当額の特別税額控除との選択適用ができることとする。ただし、特別税額控除額については、下記②の制度及び下記③の制度の特別税額控除措置と合計して当期の税額の100分の20相当額を限度とする。

 ② 青色申告書を提出する事業者で産業競争力強化法に規定する認定事業適応事業者であるものが、産業競争力強化法等の一部を改正する等の法律の施行の日から令和5年3月31日までの間に、情報技術事業適応を実施するために

利用するソフトウエアのその利用に係る費用を支出した場合には、その支出した費用に係る繰延資産の額（上記①の制度の対象となる資産と合計して300億円を上限とする。）の100分の30相当額の特別償却とその繰延資産の額の100分の3（情報技術事業適応のうち産業競争力の強化に著しく資する一定のものを実施するために利用するソフトウエアのその利用に係る費用に係るものについては、100分の5）相当額の特別税額控除との選択適用ができることとする。ただし、特別税額控除額については、上記①の制度及び下記③の制度の特別税額控除措置と合計して当期の税額の100分の20相当額を限度とする。

③　青色申告書を提出する事業者で産業競争力強化法に規定する認定事業適応事業者（その認定事業適応計画（エネルギー利用環境負荷低減事業適応に関するものに限る。）にその計画に従って行うエネルギー利用環境負荷低減事業適応のための措置として生産工程効率化等設備等を導入する旨の記載があるものに限る。）であるものが、産業競争力強化法等の一部を改正する等の法律の施行の日から令和6年3月31日までの間に、その計画に記載された生産工程効率化等設備等の取得等をして、その事業者の事業の用に供した場合には、その取得価額（500億円を上限とする。）の100分の50相当額の特別償却とその取得価額の100分の5（その生産工程効率化等設備等のうちエネルギーの利用による環境への負荷の低減に著しく資する一定のものについては、100分の10）相当額の特別税額控除との選択適用ができることとする。ただし、特別税額控除額については、上記①の制度及び上記②の制度の特別税額控除措置と合計して当期の税額の100分の20相当額を限度とする。

(7)　法人税額等から控除される特別控除額の特例における特定税額控除規定を不適用とする措置について、事業適応設備を取得した場合等の特別償却又は特別税額控除制度の税額控除に係る規定を加えた上、その適用期限を3年延長することとする。（租税特別措置法第10条の6、第42条の13、第68条の15の8関係）

(8)　被災代替資産等の特別償却制度について、償却割合の上乗せ措置の対象となる中小企業者を上記(1)の制度の中小企業者とすることとする。（租税特別措置法第43条の3、第68条の18関係）

(9)　特定事業継続力強化設備等の特別償却制度について、次のとおり見直しを行うこととする。（租税特別措置法第11条の3、第44条の2、第68条の20関係）

①　適用対象となる事業者を上記(1)の制度の中小企業者（適用除外事業者に該当するものを除く。）又はこれに準ずる一定の法人であるもののうち中小企業の事業活動の継続に資するための中小企業等経営強化法等の一部を改正す

る法律の施行の日から令和5年3月31日までの間に中小企業等経営強化法の認定を受けた同法の中小企業者に該当するものとする。

②　対象資産について、次の見直しを行う。

イ　中小企業等経営強化法の認定を受けた日から同日以後1年を経過する日までの間に取得等をするものに限定する。

ロ　機械装置及び器具備品の部分について行う改良又は機械装置及び器具備品の移転のための工事の施行に伴って取得等をするものを加える。

ハ　特定事業継続力強化設備等の取得等に充てるための国又は地方公共団体の補助金等の交付を受けて取得等をしたものを除外する。

③　令和5年4月1日以後に取得等をした特定事業継続力強化設備等の償却割合を100分の18（現行：100分の20）に引き下げる。

(10)　特定地域における工業用機械等の特別償却制度について、次の見直しを行うこととする。（租税特別措置法第12条、第45条、第68条の27関係）

①　産業高度化・事業革新促進地域に係る措置、国際物流拠点産業集積地域に係る措置及び経済金融活性化特別地区に係る措置について、対象資産のうち特定高度情報通信技術活用システムの開発供給及び導入の促進に関する法律の一定の特定高度情報通信技術活用システムに該当するものを認定特定高度情報通信技術活用設備を取得した場合の特別償却又は特別税額控除制度の対象となるものに限定する。

②　過疎地域に係る措置及び振興山村に係る措置を除外する。

③　半島振興対策実施地域に係る措置、離島振興対策実施地域に係る措置及び奄美群島に係る措置の適用期限を2年延長する。

(11)　特別償却等に関する複数の規定の不適用措置について、事業者の有する減価償却資産の取得価額又は繰延資産の額のうちに上記(1)の制度の対象となる試験研究費の額が含まれる場合において、その試験研究費の額につき上記(1)の制度の適用を受けたときは、その減価償却資産又は繰延資産については、他の特別償却又は特別税額控除の規定を適用しないこととする。（租税特別措置法第19条、第53条、第68条の42関係）

(12)　中小企業事業再編投資損失準備金制度の創設

中小企業者（適用除外事業者に該当するものを除く。）で青色申告書を提出するもののうち、産業競争力強化法等の一部を改正する等の法律の施行の日から令和6年3月31日までの間に中小企業等経営強化法の認定を受けたものが、その認定に係る経営力向上計画に従って行う事業承継等として他の法人の株式

等の取得（購入による取得に限る。）をし、かつ、これをその取得の日を含む事業年度終了の日まで引き続き有している場合（その取得をした株式等（以下「特定株式等」という。）の取得価額が10億円を超える場合を除く。）において、その特定株式等の価格の低落による損失に備えるため、その特定株式等の取得価額の100分の70相当額以下の金額を中小企業事業再編投資損失準備金として積み立てたときは、その積み立てた金額は、その事業年度において損金の額に算入できることとする。なお、この準備金については、その積み立てられた事業年度終了の日の翌日から5年を経過したものがある場合には、その経過した準備金の金額にその事業年度の月数を乗じてこれを60で除して計算した金額を益金の額に算入する。（租税特別措置法第55条の2、第68条の44関係）

⒀　農業経営基盤強化準備金制度について、適用対象となる事業者を農地中間管理事業の推進に関する法律の規定により公表された協議の結果において、市町村が適切と認める区域における農業において中心的な役割を果たすことが見込まれる農業者とされたものに限定した上、その適用期限を2年延長することとする。（租税特別措置法第24条の2、第61条の2、第68条の64関係）

　（注）　上記の適用対象となる事業者の改正は、令和4年4月1日以後に開始する事業年度分の法人税及び令和5年分の所得税について適用する。（附則第33条、第51条、第67条関係）

⒁　土地の譲渡等がある場合の特別税率の適用除外措置（優良住宅地等のための譲渡等に係る適用除外措置）の適用対象となるマンション敷地売却事業について、その認定買受計画に、決議特定要除却認定マンション（現行：決議要除却認定マンション）を除却した後の土地に新たに建築される一定のマンションに関する事項等の記載があるマンション敷地売却事業とすることとする。（租税特別措置法第62条の3、第68条の68関係）

⒂　換地処分等に伴い資産を取得した場合の課税の特例について、完全支配関係がある法人の間で譲渡された譲渡損益調整資産の譲渡利益額を引き続き計上しないこととする措置の適用対象に、マンションの建替え等の円滑化に関する法律の敷地分割事業における敷地権利変換があったことによりその譲渡損益調整資産の譲渡につき本特例の適用を受ける場合を加えることとする。（租税特別措置法第65条、第68条の72関係）

⒃　特定の資産の買換えの場合等の課税の特例について、適用対象から過疎地域の外から内への買換え及び防災再開発促進地区内にある土地等の買換えを除外することとする。（租税特別措置法第37条、第37条の2、第37条の4、第65

条の7〜第65条の9、第68条の78〜第68条の80関係）

⒄　株式等を対価とする株式の譲渡に係る所得の計算の特例の創設

　　事業者が、その有する株式（以下「所有株式」という。）を発行した他の法人を株式交付子会社とする株式交付によりその所有株式を譲渡し、その株式交付に係る株式交付親会社の株式の交付を受けた場合（その株式交付により交付を受けた株式交付親会社の株式の価額が交付を受けた金銭の額及び金銭以外の資産の価額の合計額のうちに占める割合が100分の80に満たない場合を除く。）には、その譲渡した所有株式（交付を受けた株式交付親会社の株式に対応する部分に限る。）の譲渡損益を計上しないこととする。（租税特別措置法第37条の13の3、第66条の2の2、第68条の86関係）

⒅　特定投資運用業者の役員に対する業績連動給与の損金算入の特例の創設

　　青色申告書を提出する法人で特定投資運用業者に該当するものが、令和3年4月1日から令和8年3月31日までの間に開始する各事業年度（新型コロナウイルス感染症等の影響による社会経済情勢の変化に対応して金融の機能の強化及び安定の確保を図るための銀行法等の一部を改正する法律の施行の日以後に終了する事業年度に限る。）においてその業務執行役員に対して特定業績連動給与を支給する場合には、その特定業績連動給与に係る役員給与の損金不算入制度の適用については、その法人が金融商品取引法の規定により提出する事業報告書（インターネットを利用する方法により金融庁長官が公表するものに限る。）は、有価証券報告書とみなすこととするとともに、その算定方法の内容を、一定の日以後遅滞なく公表事業報告書に記載して同法の規定により提出し、かつ、同法の規定により説明書類に記載して公衆の縦覧に供し、又は公表したときは、業績連動給与の損金算入要件のうち有価証券報告書への記載等によりその算定方法の内容が開示されていることとの要件を満たすこととする。（租税特別措置法第66条の11の2、第68条の95の2関係）

⒆　認定特定非営利活動法人に対する寄附金の損金算入等の特例のうち寄附金の損金不算入に対する特例について、その対象となる認定特定非営利活動法人等の行う特定非営利活動に係る事業に関連する寄附金から出資に関する業務に充てられることが明らかな寄附金を除外することとする。（租税特別措置法第66条の11の3、第68条の96関係）

⒇　認定事業適応法人の欠損金の損金算入の特例の創設

　　青色申告書を提出する法人で産業競争力強化法等の一部を改正する等の法律の施行の日から同日以後1年を経過する日までの間に産業競争力強化法の認定

を受けたもののうちその認定に係る認定事業適応事業者であるものの適用事業年度（その認定に係る認定事業適応計画に記載された実施時期内の日を含む各事業年度であって、一定の要件を満たす事業年度に限る。）において欠損金の繰越控除制度を適用する場合において、特例欠損事業年度において生じた欠損金額があるときは、超過控除対象額に相当する金額を欠損金の繰越控除制度において損金算入することができる金額に加算することとする。（租税特別措置法第66条の11の4、第68条の96の2関係）

(21)　技術研究組合の所得の計算の特例の適用期限を3年延長することとする。（租税特別措置法第66条の10、第68条の94関係）

(22)　次に掲げる租税特別措置の適用期限を2年延長することとする。

①　中小企業者等の法人税率の特例（租税特別措置法第42条の3の2、第68条の8関係）

②　地域経済牽引事業の促進区域内において特定事業用機械等を取得した場合の特別償却又は特別税額控除（租税特別措置法第10条の4、第42条の11の2、第68条の14の3関係）

③　船舶の特別償却（租税特別措置法第11条、第43条、第68条の16関係）

④　関西文化学術研究都市の文化学術研究地区における文化学術研究施設の特別償却（租税特別措置法第44条、第68条の19関係）

⑤　共同利用施設の特別償却（租税特別措置法第44条の3、第68条の24関係）

⑥　医療用機器等の特別償却（租税特別措置法第12条の2、第45条の2、第68条の29関係）

⑦　事業再編計画の認定を受けた場合の事業再編促進機械等の割増償却（租税特別措置法第13条の2、第46条の2、第68条の33関係）

⑧　特定都市再生建築物の割増償却（租税特別措置法第14条、第47条、第68条の35関係）

(23)　沖縄の認定法人の課税の特例の適用期限を1年延長することとする。（租税特別措置法第60条、第68条の63関係）

(24)　次に掲げる租税特別措置について、所要の経過措置を講じた上、廃止することとする。

①　高度省エネルギー増進設備等を取得した場合の特別償却又は特別税額控除（旧租税特別措置法第10条の2、第42条の5、第68条の10関係）

②　特定中小企業者等が経営改善設備を取得した場合の特別償却又は特別税額控除（旧租税特別措置法第10条の5の2、第42条の12の3、第68条の15の4関係）

③　再生可能エネルギー発電設備等の特別償却（旧租税特別措置法第11条、第43条、第68条の16関係）

④　特別事業再編を行う法人の株式を対価とする株式等の譲渡に係る所得の計算の特例（旧租税特別措置法第37条の13の3、第66条の2の2、第68条の86関係）

3　国際課税

(1)　振替公社債等の利子等の課税の特例について、次に掲げる書類の特定振替機関等に対する書面による提出に代えて、当該特定振替機関等に対して当該書類に記載すべき事項又は記載されている事項の電磁的方法による提供を行うことができることとする。この場合において、当該提供があったときは、当該書類の提出があったものとみなす。（租税特別措置法第5条の2、第5条の3、第41条の13の3関係）

①　非課税適用申告書等

②　組合等届出書等及び組合契約書等の写し

(2)　民間国外債等の利子の課税の特例について、非課税適用申告書の民間国外債等の利子の支払をする者に対する書面による提出に代えて、当該利子の支払をする者に対して当該非課税適用申告書に記載すべき事項の電磁的方法による提供を行うことができることとする。この場合において、当該提供があったときは、当該非課税適用申告書の提出があったものとみなす。（租税特別措置法第6条関係）

(3)　外国組合員に対する課税の特例について、次の措置を講ずることとする。（租税特別措置法第41条の21、第67条の16関係）

①　特例適用申告書及びその添付書類を5年ごとに提出しなければならない。

②　特例適用申告書等の配分の取扱者に対する書面による提出に代えて、当該配分の取扱者に対して当該特例適用申告書等に記載すべき事項の電磁的方法による提供を行うことができる。この場合において、当該提供があったときは、当該特例適用申告書等の提出があったものとみなす。

③　上記②により特例適用申告書等に記載すべき事項を電磁的方法により提供する場合には、配分の取扱者に対する書面による当該特例適用申告書等に添付すべき書類の提出に代えて、当該配分の取扱者に対して当該添付すべき書類に記載されるべき事項の電磁的方法による提供を行うことができる。この場合において、当該提供を行った非居住者等は、当該特例適用申告書等に当該添付すべき書類を添付して、提出したものとみなす。

(4)　外国金融機関等の店頭デリバティブ取引の証拠金に係る利子の課税の特例について、次の措置を講じた上、その適用期限を3年延長することとする。（租税特別措置法第42条関係）

　　　非課税適用申告書等の店頭デリバティブ取引の証拠金に係る利子の支払をする者に対する書面による提出に代えて、当該利子の支払をする者に対して当該非課税適用申告書等に記載すべき事項の電磁的方法による提供を行うことができる。この場合において、当該提供があったときは、当該非課税適用申告書等の提出があったものとみなす。

(5)　外国金融機関等の債券現先取引等に係る利子等の課税の特例について、次の措置を講ずることとする。（租税特別措置法第42条の2、第67条の17関係）

　①　非課税適用申告書等の特定利子の支払をする者に対する書面による提出に代えて、当該特定利子の支払をする者に対して当該非課税適用申告書等に記載すべき事項の電磁的方法による提供を行うことができる。この場合において、当該提供があったときは、当該非課税適用申告書等の提出があったものとみなす。

　②　特定外国法人が特定金融機関等との間で行う債券現先取引に係る利子等の非課税措置の適用期限を2年延長する。

(6)　国外支配株主等に係る負債の利子等の課税の特例における適用要件の判定に用いる負債について、負債の利子等の支払の基因となるものその他資金の調達に係るもの（現行：負債の利子等の支払の基因となるもの）とする。（租税特別措置法第66条の5、第68条の89関係）

(7)　対象純支払利子等に係る課税の特例における対象外支払利子等の額に、生命保険会社の締結した保険契約及び損害保険会社の締結した保険契約に係る一定の支払利子等の額を含めることとする。（租税特別措置法第66条の5の2、第68条の89の2関係）

　（注）上記の改正は、令和3年3月31日以後に終了する事業年度分の法人税について適用する。（附則第55条、第71条関係）

(8)　外国子会社から受ける剰余金の配当等の額（外国子会社配当益金不算入制度の適用を受ける部分の金額に限る。）に係る外国源泉税等の額の損金算入について、その剰余金の配当等の額のうち内国法人の外国関係会社に係る所得等の課税の特例との二重課税調整の対象とされる金額に対応する部分に限ることとする。（租税特別措置法第66条の8、第66条の9の4、第68条の92、第68条の93の4関係）

4　資産課税

(1)　直系尊属から住宅取得等資金の贈与を受けた場合の贈与税の非課税措置について、次のとおり見直しを行うこととする。（租税特別措置法第70条の2関係）

　①　令和3年4月1日から同年12月31日までの間に住宅用の家屋の新築等に係る契約を締結した場合における非課税限度額を、令和2年4月1日から令

和3年3月31日までの間の非課税限度額と同額まで引き上げる。

② 　住宅取得等資金を充てて新築等をした住宅用の家屋の床面積が一定の規模未満である場合には、住宅取得等資金の贈与を受けた年分の受贈者の合計所得金額の要件を1,000万円以下（現行：2,000万円以下）に引き下げる。

（注）上記の改正は、令和3年1月1日以後に贈与により取得する住宅取得等資金に係る贈与税について適用する。（附則第75条関係）

(2)　直系尊属から教育資金の一括贈与を受けた場合の贈与税の非課税措置について、次のとおり見直しを行った上、その適用期限を2年延長することとする。（租税特別措置法第70条の2の2関係）

① 　信託等をした日から教育資金管理契約の終了の日までの間に贈与者が死亡した場合（その死亡の日において次のいずれかに該当する場合を除く。）には、その死亡の日までの年数にかかわらず、同日における管理残額を、受贈者が当該贈与者から相続等により取得したものとみなす。

イ　当該受贈者が23歳未満である場合

ロ　当該受贈者が学校等に在学している場合

ハ　当該受贈者が雇用保険法に規定する教育訓練を受けている場合

② 　上記①により相続等により取得したものとみなされる管理残額に対応する相続税額を、相続税額の2割加算の対象とする。

③ 　教育資金非課税申告書又は追加教育資金非課税申告書の取扱金融機関の営業所等に対する書面による提出に代えて、当該取扱金融機関の営業所等に対して、これらの申告書に記載すべき事項の電磁的方法による提供を行うことができる。この場合において、当該提供があったときは、これらの申告書の提出があったものとみなす。

(3)　直系尊属から結婚・子育て資金の一括贈与を受けた場合の贈与税の非課税措置について、次のとおり見直しを行った上、その適用期限を2年延長することとする。（租税特別措置法第70条の2の3関係）

① 　贈与者から相続等により取得したものとみなされる管理残額に対応する相続税額を、相続税額の2割加算の対象とする。

② 　受贈者の年齢要件の下限を18歳以上（現行：20歳以上）に引き下げる。

（注）上記の改正は、令和4年4月1日から施行する。（附則第1条関係）

③ 　結婚・子育て資金非課税申告書又は追加結婚・子育て資金非課税申告書の取扱金融機関の営業所等に対する書面による提出に代えて、当該取扱金融機関の営業所等に対して、これらの申告書に記載すべき事項の電磁的方法によ

る提供を行うことができる。この場合において、当該提供があったときは、これらの申告書の提出があったものとみなす。

(4) 農地等に係る相続税・贈与税の納税猶予制度の適用を受ける農地等を収用交換等により譲渡した場合に利子税の全額を免除する措置の適用期限を5年延長することとする。（租税特別措置法第70条の8関係）

(5) マンション建替事業の施行者等が受ける権利変換手続開始の登記等に対する登録免許税の免税措置について、適用対象にマンションの建替え等の円滑化に関する法律の敷地分割組合等が同法の敷地分割事業に伴い受ける次の登記を加えることとする。（租税特別措置法第76条関係）

① 敷地権利変換手続開始の登記

② 敷地権利変換後の土地及びその権利について必要な登記

(6) 産業競争力強化法に規定する認定事業再編計画等に基づき行う登記に対する登録免許税の税率の軽減措置について、適用対象となる登記等の範囲に、同法の事業再編計画の認定があったものとみなされる造船法の規定による認定を受けた事業基盤強化計画に基づき行う合併による株式会社の設立の登記等を加えることとする。（租税特別措置法第80条関係）

(7) 地域における医療及び介護の総合的な確保の促進に関する法律に規定する再編計画の認定を受けた医療機関の開設者（良質かつ適切な医療を効率的に提供する体制の確保を推進するための医療法等の一部を改正する法律附則第1条第2号に掲げる規定の施行の日から令和5年3月31日までの間に当該再編計画の認定を受けた者に限る。）が、当該再編計画に基づき取得する不動産の所有権の移転登記等に対する登録免許税の税率を、次のとおり軽減する措置を講ずることとする。（租税特別措置法第80条の3関係）

① 土地の所有権の移転登記 1,000分の10（本則1,000分の20）

② 建物の所有権の保存登記 1,000分の2（本則1,000分の4）

(8) 令和3年4月1日から令和5年3月31日までの間に都市再生特別措置法に規定する居住誘導区域等権利設定等促進計画に基づき取得する不動産の所有権等の移転登記等に対する登録免許税の税率を、次のとおり軽減する措置を講ずることとする。（租税特別措置法第83条の2の2関係）

① 所有権の移転登記 1,000分の10（本則1,000分の20）

② 地上権等の設定登記 1,000分の5（本則1,000分の10）

(9) 相続に係る所有権の移転登記に対する登録免許税の免税措置について、適用対象となる登記の範囲に、表題部所有者の相続人が受ける土地の所有権の保存

登記を加えた上、その適用期限を1年延長することとする。（租税特別措置法第84条の2の3関係）

(10)　次に掲げる租税特別措置の適用期限を2年延長することとする。

①　土地の売買による所有権の移転登記等に対する登録免許税の税率の軽減措置（租税特別措置法第72条関係）

②　利用権設定等促進事業により農用地等を取得した場合の所有権の移転登記に対する登録免許税の税率の軽減措置（租税特別措置法第77条関係）

③　信用保証協会等が受ける抵当権の設定登記等に対する登録免許税の税率の軽減措置（租税特別措置法第78条関係）

④　農業競争力強化支援法に規定する認定事業再編計画に基づき行う登記に対する登録免許税の税率の軽減措置（租税特別措置法第80条関係）

⑤　認定民間都市再生事業計画に基づき建築物を建築した場合の所有権の保存登記に対する登録免許税の税率の軽減措置（租税特別措置法第83条関係）

⑥　特定目的会社が資産流動化計画に基づき特定不動産を取得した場合等の所有権の移転登記に対する登録免許税の税率の軽減措置（租税特別措置法第83条の2の3関係）

⑦　特例事業者等が不動産特定共同事業契約により不動産を取得した場合の所有権の移転登記等に対する登録免許税の税率の軽減措置（租税特別措置法第83条の3関係）

5　消費課税

(1)　ビールに係る酒税の税率の特例措置の適用期限を2年延長することとする。（租税特別措置法第87条の4関係）

(2)　輸出酒類販売場制度について、消費税の輸出物品販売場制度における電磁的記録に記録された事項に関する見直しに伴い、所要の整備を行うこととする。（租税特別措置法第87条の6関係）

　　（注）上記の改正は、令和4年1月1日以後に法定申告期限等が到来する酒税について適用する。（附則第78条関係）

(3)　入国者が輸入する紙巻たばこのたばこ税の税率の特例措置の適用期限を1年延長した上、令和3年10月1日以後の特例税率を1,000本につき14,500円（現行：13,500円）に引き上げることとする。（租税特別措置法第88条の2関係）

(4)　航空機燃料税の税率の特例措置について、令和3年4月1日から令和4年3月31日までの間の税率を1klにつき9,000円（現行：18,000円）に引き下げることとする。（租税特別措置法第90条の8関係）

(5)　沖縄路線航空機に積み込まれる航空機燃料に係る航空機燃料税の税率の特例措置について、令和3年4月1日から令和4年3月31日までの間の税率を1 $k\ell$ につき4,500円（現行：9,000円）に引き下げることとする。（租税特別措置法第90条の8の2関係）

(6)　特定離島路線航空機に積み込まれる航空機燃料に係る航空機燃料税の税率の特例措置について、令和3年4月1日から令和4年3月31日までの間の税率を1 $k\ell$ につき6,750円（現行：13,500円）に引き下げることとする。（租税特別措置法第90条の9関係）

(7)　自動車重量税の免税等の特例措置について、燃費性能に関する要件の見直し等を行った上、その適用期限を2年延長することとする。（租税特別措置法第90条の12関係）

(8)　公共交通移動等円滑化基準に適合した乗合自動車等に係る自動車重量税の免税措置の適用期限を3年延長することとする。（租税特別措置法第90条の13関係）

(9)　車両安定性制御装置等を装備した乗合自動車等に係る自動車重量税率の特例措置について、側方衝突警報装置を装備した一定の貨物自動車を特例の対象に加える等の見直しを行った上、その適用期限を3年延長することとする。（租税特別措置法第90条の14関係）

6　その他所要の税制の整備を行うこととする。

八　災害被害者に対する租税の減免、徴収猶予等に関する法律の一部改正（第8条関係）

1　所得税法の源泉徴収税額等及び予納税額の還付に係る還付加算金等の計算期間の改正に伴う所要の整備を行うこととする。（災害被害者に対する租税の減免、徴収猶予等に関する法律第3条関係）

2　その他所要の規定の整備を行うこととする。

九　税理士法の一部改正（第9条関係）

税理士等が税務代理をする場合における租税に関する申告書等について、押印を要しないこととする。（税理士法第33条、第33条の2関係）

十　沖縄の復帰に伴う特別措置に関する法律の一部改正（第10条関係）

沖縄県産酒類に係る酒税の軽減措置の適用期限を1年延長することとする。（沖縄の復帰に伴う特別措置に関する法律第80条関係）

十一　内国税の適正な課税の確保を図るための国外送金等に係る調書の提出等に関する法律の一部改正（第11条関係）

　所得税法の確定申告書の提出義務の見直し後においても、還付申告書（その計算した所得税の額の合計額が配当控除の額を超える場合におけるその還付申告書に限る。）を提出することができる者は、現行制度と同様に、財産債務調書を提出しなければならないこととする。（内国税の適正な課税の確保を図るための国外送金等に係る調書の提出等に関する法律第6条の2関係）

　（注）上記の改正は、令和4年1月1日から施行する。（附則第1条関係）

十二　電子計算機を使用して作成する国税関係帳簿書類の保存方法等の特例に関する法律の一部改正（第12条関係）

1　国税関係帳簿書類の電磁的記録等による保存制度について、次の見直しを行うこととする。（電子計算機を使用して作成する国税関係帳簿書類の保存方法等の特例に関する法律第4条、第5条、旧電子計算機を使用して作成する国税関係帳簿書類の保存方法等の特例に関する法律第6条～第9条関係）

　(1)　承認制度を廃止する。

　(2)　国税関係帳簿の電磁的記録等による保存制度について、その対象から一定の国税関係帳簿を除外する。

　(3)　国税関係書類に係るスキャナ保存制度について、国税関係書類に係る電磁的記録の保存が一定の要件に従って行われていない場合（当該国税関係書類の保存が行われている場合を除く。）についても、当該電磁的記録を保存すべき期間等の要件を満たして当該電磁的記録を保存しなければならないこととする。

　　（注）上記の改正は、令和4年1月1日以後に備付けを開始する国税関係帳簿又は同日以後に保存が行われる国税関係書類について適用する。(附則第82条関係)

2　電子取引の取引情報に係る電磁的記録を出力することにより作成した書面等の保存をもって当該電磁的記録の保存に代えることができる措置を廃止することとする。（電子計算機を使用して作成する国税関係帳簿書類の保存方法等の特例に関する法律第7条関係）

　　（注）上記の改正は、令和4年1月1日以後に行う電子取引の取引情報について適用する。（附則第82条関係）

3　他の国税に関する法律の規定の適用について、次の措置を講ずることとする。（電子計算機を使用して作成する国税関係帳簿書類の保存方法等の特例に関する法律第8条関係）

(1) 一定の要件に従って備付け及び保存が行われている国税関係帳簿又は保存が行われている国税関係書類に係る電磁的記録等に限り当該国税関係帳簿又は当該国税関係書類と、一定の要件に従って保存が行われている電子取引の取引情報に係る電磁的記録に限り国税関係書類以外の書類と、それぞれみなす。

(2) 一定の国税関係帳簿に係る電磁的記録等の備付け及び保存が、国税の納税義務の適正な履行に資するものとして一定の要件を満たしている場合において、当該電磁的記録等（一定の日以後引き続き当該要件を満たして備付け及び保存が行われているものに限る。）に記録された事項に関し修正申告等があったときの過少申告加算税の額については、通常課される過少申告加算税の額から当該修正申告等に係る過少申告加算税の額の計算の基礎となるべき税額（当該電磁的記録等に記録された事項に係るもの以外の事実に基づく税額を控除した税額に限る。）の100分の5に相当する金額を控除した金額とする。ただし、その税額の計算の基礎となるべき事実で隠蔽し、又は仮装されたものがあるときは、この限りでない。

(3) 一定の国税関係書類に係る電磁的記録又は電子取引の取引情報に係る電磁的記録に記録された事項に関し期限後申告等があった場合において、その税額の計算の基礎となるべき事実を隠蔽し、又は仮装していたところに基づき当該期限後申告等をしていたときの重加算税の額については、通常課される重加算税の額に当該期限後申告等に係る重加算税の額の計算の基礎となるべき税額（当該電磁的記録に記録された事項に係る事実に基づく税額に限る。）の100分の10に相当する金額を加算した金額とする。

(注) 上記の改正は、令和4年1月1日から施行することとし、上記(2)及び(3)の改正は、同日以後に法定申告期限等が到来する国税について適用する。（附則第1条、第82条関係）

4 その他所要の規定の整備を行うこととする。

十三 東日本大震災の被災者等に係る国税関係法律の臨時特例に関する法律の一部改正（第13条関係）

1 個人所得課税

(1) 特定住宅被災市町村の区域内の土地等を地方公共団体等に譲渡した場合の2,000万円特別控除について、適用対象となる事業を次に掲げる土地等の区分に応じ次に定める事業とした上、その適用期限を5年延長することとする。（東日本大震災の被災者等に係る国税関係法律の臨時特例に関する法律第11条の5、第18条の9、第26条の9関係）

① 特定住宅被災市町村の区域のうち復興推進区域内にある土地等 当該土地等が所在する特定住宅被災市町村又は当該特定住宅被災市町村の存する県が単独で又は共同して作成した東日本大震災からの復興を図るための一定の計画に記載された事業

② 特定住宅被災市町村の区域のうち復興推進区域以外の区域内にある土地等 当該土地等が所在する特定住宅被災市町村又は当該特定住宅被災市町村の存する県が単独で又は共同して作成した東日本大震災からの復興を図るための一定の計画に記載された事業（令和3年3月31日において当該計画に記載されていたものに限る。）

(2) 帰還環境整備推進法人に対して土地等を譲渡した場合の譲渡所得の特別控除の特例等について、適用対象となる土地等を、一定の帰還・移住等環境整備推進法人（現行：帰還環境整備推進法人）が行う帰還・移住等環境整備事業計画（現行：帰還環境整備事業計画）に記載された一定の事業の用に供するために買い取られる土地等とすることとする。（東日本大震災の被災者等に係る国税関係法律の臨時特例に関する法律第11条の6、第18条の10、第26条の10関係）

(3) 復興指定会社が発行した株式を取得した場合の課税の特例は、指定期限の到来をもって廃止することとする。（旧東日本大震災の被災者等に係る国税関係法律の臨時特例に関する法律第13条の3関係）

（注）令和3年4月1日前に指定を受けた復興指定会社により当該指定の日から同日以後5年を経過する日までの間に発行される株式については、なお従前の例による。（附則第93条関係）

2 法人課税

(1) 復興産業集積区域等において機械等を取得した場合の特別償却又は特別税額控除制度について、次のとおり見直しを行うこととする。（東日本大震災の被災者等に係る国税関係法律の臨時特例に関する法律第10条、第17条の2、第25条の2関係）

① 復興産業集積区域に係る措置について、次のとおり見直しを行った上、その適用期限を3年延長する。

イ 東日本大震災復興特別区域法の改正に伴い、対象区域を同法に規定する特定復興産業集積区域（以下「特定復興産業集積区域」という。）とする。

ロ 認定地方公共団体に該当する福島県の区域内の地方公共団体の指定を受けた事業者が取得等をする機械装置の償却割合を100分の50（現行：その取得価額から普通償却限度額を控除した金額までの特別償却）に引き下げる。

（注）令和3年4月1日前に認定地方公共団体の指定を受けた事業者が、や

むを得ない事情により、同日前に、特定復興産業集積区域となる区域
以外の対象区域（以下「旧復興産業集積区域」という。）内において
対象資産の取得等をして、対象事業の用に供することができなかった
場合には、同日から令和6年3月31日までの間に、取得等をして、対
象事業の用に供する一定の資産について従前どおりこの措置の適用が
できる経過措置を講ずる。（附則第83条、第95条、第107条関係）

② 復興居住区域に係る措置は、適用期限の到来をもって廃止する。

(2) 企業立地促進区域において機械等を取得した場合の特別償却又は特別税額控除制
度について、次の措置を加えることとする。（東日本大震災の被災者等に係る国税関
係法律の臨時特例に関する法律第10条の2、第17条の2の2、第25条の2の2関係）

① 特定事業活動振興計画に係る措置

福島復興再生特別措置法の規定により福島県知事の指定を受けた事業者
が、提出特定事業活動振興計画の提出のあった日から令和8年3月31日ま
での間に、福島県の区域内においてその提出特定事業活動振興計画に定めら
れた特定事業活動に係る事業の用に供する機械装置、建物等、構築物その他
の一定の減価償却資産の取得等をして、その区域内において特定事業活動に
係る事業の用に供した場合には、その取得価額から普通償却限度額を控除し
た金額までの特別償却（建物等及び構築物については、これらの取得価額の
100分の25相当額の特別償却）とその取得価額の100分の15（建物等及び
構築物については、100分の8）相当額の特別税額控除との選択適用ができ
る。ただし、特別税額控除額については、当期の税額の100分の20相当額
を限度とし、税額控除限度超過額については4年間の繰越しができる。

② 新産業創出等推進事業促進計画に係る措置

福島復興再生特別措置法に規定する認定事業者に該当する事業者が、提出
新産業創出等推進事業促進計画の提出のあった日から令和8年3月31日ま
での間に、その提出新産業創出等推進事業促進計画に定められた新産業創出
等推進事業促進区域内において新産業創出等推進事業の用に供する機械装
置、建物等、構築物その他の一定の減価償却資産の取得等をして、その新産
業創出等推進事業促進区域内において新産業創出等推進事業の用に供した場
合には、その取得価額から普通償却限度額を控除した金額までの特別償却（建
物等及び構築物については、これらの取得価額の100分の25相当額の特別
償却）とその取得価額の100分の15（建物等及び構築物については、100
分の8）相当額の特別税額控除との選択適用ができる。ただし、特別税額控

除額については、当期の税額の100分の20相当額を限度とし、税額控除限度超過額については4年間の繰越しができる。

(3) 復興産業集積区域において被災雇用者等を雇用した場合の特別税額控除制度について、東日本大震災復興特別区域法の改正に伴い対象区域を特定復興産業集積区域とした上、その適用期限を3年延長することとする。（東日本大震災の被災者等に係る国税関係法律の臨時特例に関する法律第10条の3、第17条の3、第25条の3関係）

(注) 令和3年4月1日前に認定地方公共団体の指定を受けた事業者について、所要の経過措置を講ずる。（附則第86条、第98条、第110条関係）

(4) 企業立地促進区域において避難対象雇用者等を雇用した場合の特別税額控除制度について、次の措置を加えることとする。（東日本大震災の被災者等に係る国税関係法律の臨時特例に関する法律第10条の3の2、第17条の3の2、第25条の3の2関係）

① 特定事業活動振興計画に係る措置

提出特定事業活動振興計画の提出のあった日から令和8年3月31日までの間に福島復興再生特別措置法の規定により福島県知事の指定を受けた事業者が、その指定があった日から同日以後5年を経過する日までの期間内を含む各事業年度のその期間内において、福島県の区域内に所在するその提出特定事業活動振興計画に定められた特定事業活動を行う事業所に勤務する特定被災雇用者等に対して給与等を支給する場合には、その支給する給与等の額のうちその各事業年度の所得の金額の計算上損金の額に算入されるものの100分の10相当額の特別税額控除ができる。ただし、特別税額控除額については、当期の税額の100分の20相当額を限度とする。

② 新産業創出等推進事業促進計画に係る措置

提出新産業創出等推進事業促進計画の提出のあった日から令和8年3月31日までの間に福島復興再生特別措置法の認定を受けた事業者が、その認定を受けた日から同日以後5年を経過する日までの期間内を含む各事業年度のその期間内において、その提出新産業創出等推進事業促進計画に定められた新産業創出等推進事業促進区域内に所在する新産業創出等推進事業を行う事業所に勤務する避難対象雇用者等その他の一定の雇用者に対して給与等を支給する場合には、その支給する給与等の額のうちその各事業年度の所得の金額の計算上損金の額に算入されるものの100分の15相当額の特別税額控除ができる。ただし、特別税額控除額については、当期の税額の100分の20相当額を限度とする。

(5)　復興産業集積区域における開発研究用資産の特別償却制度等について、次のとおり見直しを行った上、その適用期限を3年延長することとする。（東日本大震災の被災者等に係る国税関係法律の臨時特例に関する法律第10条の5、第17条の5、第25条の5関係）

①　東日本大震災復興特別区域法の改正に伴い、対象区域を特定復興産業集積区域とする。

②　認定地方公共団体に該当する福島県の区域内の地方公共団体の指定を受けた事業者が取得等をする開発研究用資産の償却割合を100分の34（中小企業者等にあっては、100分の50）（現行：その取得価額から普通償却限度額を控除した金額までの特別償却）に引き下げる。

（注）令和3年4月1日前に認定地方公共団体の指定を受けた事業者が、やむを得ない事情により、同日前に、旧復興産業集積区域内において対象資産の取得等をして、開発研究の用に供することができなかった場合には、同日から令和6年3月31日までの間に、取得等をして、開発研究の用に供する一定の資産について従前どおりこの制度の適用ができる経過措置を講ずる。（附則第88条、第100条、第112条関係）

(6)　新産業創出等推進事業促進区域における開発研究用資産の特別償却等の創設
　　福島復興再生特別措置法に規定する認定事業者に該当する事業者が、提出新産業創出等推進事業促進計画の提出のあった日から令和8年3月31日までの間に、その提出新産業創出等推進事業促進計画に定められた新産業創出等推進事業促進区域内において開発研究の用に供される開発研究用資産の取得等をして、その新産業創出等推進事業促進区域内において開発研究の用に供した場合には、その取得価額から普通償却限度額を控除した金額までの特別償却ができることとする。また、この特別償却の適用を受ける開発研究用資産に係る償却費として損金の額に算入する金額は、特別試験研究費の額に該当するものとみなして、試験研究を行った場合の特別税額控除制度（租税特別措置法第10条、第42条の4、第68条の9）の適用ができることとする。（東日本大震災の被災者等に係る国税関係法律の臨時特例に関する法律第11条、第18条、第26条関係）

(7)　被災代替資産等の特別償却制度について、対象資産から車両運搬具を除外するとともに、償却割合の上乗せ措置の対象となる中小企業者を試験研究を行った場合の特別税額控除制度の中小企業者とした上、その適用期限を2年延長することとする。（東日本大震災の被災者等に係る国税関係法律の臨時特例に関する法律第11条の2、第18条の2、第26条の2関係）

(8)　被災者向け優良賃貸住宅の割増償却制度は、適用期限の到来をもって廃止することとする。（旧東日本大震災の被災者等に係る国税関係法律の臨時特例に関する法律第11条の2、第18条の2、第26条の2関係）

(9)　再投資等準備金制度について、東日本大震災復興特別区域法の改正に伴い対象区域を特定復興産業集積区域とした上、その適用期限を3年延長することとする。（東日本大震災の被災者等に係る国税関係法律の臨時特例に関する法律第18条の3、第26条の3関係）

　　（注）令和3年4月1日前に認定地方公共団体の指定を受けた法人について、所要の経過措置を講ずる。（附則第103条、第115条関係）

(10)　帰還環境整備推進法人に対して土地等を譲渡した場合に土地の譲渡等がある場合の特別税率の適用除外措置（優良住宅地等のための譲渡等に係る適用除外措置）を適用することとする措置について、適用対象となる土地等を、一定の帰還・移住等環境整備推進法人（現行：帰還環境整備推進法人）が行う帰還・移住等環境整備事業計画（現行：帰還環境整備事業計画）に記載された一定の事業の用に供される土地等とすることとする。（東日本大震災の被災者等に係る国税関係法律の臨時特例に関する法律第18条の10、第26条の10関係）

(11)　特定の資産の買換えの場合等の課税の特例について、被災区域から特定被災区域への買換えに係る買換資産を東日本大震災からの復興に向けた取組を重点的に推進する必要があると認められる一定の区域内にある資産とした上、その適用期限を3年延長することとする。（東日本大震災の被災者等に係る国税関係法律の臨時特例に関する法律第12条、第19条〜第21条、第27条〜第29条関係）

3　資産課税

(1)　東日本大震災の被災者が直系尊属から住宅取得等資金の贈与を受けた場合の贈与税の非課税措置について、住宅取得等資金を充てて新築等をした住宅用の家屋の床面積が一定の規模未満である場合には、住宅取得等資金の贈与を受けた年分の受贈者の合計所得金額の要件を1,000万円以下（現行：2,000万円以下）に引き下げることとする。（東日本大震災の被災者等に係る国税関係法律の臨時特例に関する法律第38条の2関係）

　　（注）上記の改正は、令和3年1月1日以後に贈与により取得する住宅取得等資金に係る贈与税について適用する。（附則第118条関係）

(2)　農地等に係る相続税・贈与税の納税猶予制度における特例適用農地等の借換え特例について、福島復興再生特別措置法に規定する農用地利用集積等促進計画に基づき農地等を借り換えた場合も本特例の対象とすることとする。（東日本大震災

の被災者等に係る国税関係法律の臨時特例に関する法律第38条の2の2関係)

⑶　利用権設定等促進事業により農用地等を取得した場合の所有権の移転登記に対する登録免許税の税率の軽減措置について、福島復興再生特別措置法に規定する農用地利用集積等促進事業（同法に規定する福島農林水産業振興施設の整備に係るものを除く。）により農用地等を取得した場合も本措置の対象とすることとする。（東日本大震災の被災者等に係る国税関係法律の臨時特例に関する法律第40条の2の2関係)

⑷　帰還環境整備推進法人が取得をした不動産に係る所有権等の移転登記等に対する登録免許税の税率の軽減措置について、適用対象となる不動産を、一定の帰還・移住等環境整備推進法人（現行：帰還環境整備推進法人）が行う帰還・移住等環境整備事業計画（現行：帰還環境整備事業計画）に記載された一定の事業の用に供するために取得をした不動産とすることとする。（東日本大震災の被災者等に係る国税関係法律の臨時特例に関する法律第40条の4関係)

⑸　東日本大震災の被災者等が建造又は取得をした船舶又は航空機に係る所有権の保存登記等に対する登録免許税の免税措置について、適用対象から漁船以外の船舶及び航空機に係る保存登記等を除外した上、その適用期限を5年延長することとする。（東日本大震災の被災者等に係る国税関係法律の臨時特例に関する法律第41条関係)

⑹　次に掲げる措置の適用期限を5年延長することとする。

①　東日本大震災の被災者等が新築又は取得をした建物に係る所有権の保存登記等に対する登録免許税の免税措置（東日本大震災の被災者等に係る国税関係法律の臨時特例に関する法律第39条関係)

②　東日本大震災の被災者等が被災代替建物に係る土地を取得した場合の所有権の移転登記等に対する登録免許税の免税措置（東日本大震災の被災者等に係る国税関係法律の臨時特例に関する法律第40条関係)

③　東日本大震災の被災者等が取得した農用地に係る所有権の移転登記等に対する登録免許税の免税措置（東日本大震災の被災者等に係る国税関係法律の臨時特例に関する法律第40条の2関係)

④　被災関連市町村から特定の交換により土地を取得した場合の所有権の移転登記に対する登録免許税の免税措置（東日本大震災の被災者等に係る国税関係法律の臨時特例に関する法律第40条の3関係)

⑺　次に掲げる措置は、適用期限の到来をもって廃止することとする。

①　東日本大震災の被災者等が受ける本店等の移転の登記等に対する登録免許税の免税措置（旧東日本大震災の被災者等に係る国税関係法律の臨時特例に

関する法律第41条の3関係)

② 株式会社商工組合中央金庫が受ける抵当権の設定登記等に対する登録免許税の税率の特例に係る適用期間の延長の特例（旧東日本大震災の被災者等に係る国税関係法律の臨時特例に関する法律第41条の4関係）

4 消費課税

(1) 被災酒類製造者が移出する清酒等に係る酒税の税率の特例措置の適用期限を2年延長することとする。（東日本大震災の被災者等に係る国税関係法律の臨時特例に関する法律第43条関係）

(2) 東日本大震災の被災者が作成する船舶又は航空機の取得又は建造に係る船舶又は航空機の譲渡に関する契約書等の印紙税の非課税措置について、適用対象から漁船以外の船舶及び航空機に係る契約書を除外した上、その適用期限を5年延長することとする。（東日本大震災の被災者等に係る国税関係法律の臨時特例に関する法律第51条関係）

(3) 次に掲げる措置の適用期限を5年延長することとする。

① 東日本大震災の被災者等に対して行う特別貸付けに係る消費貸借に関する契約書の印紙税の非課税措置（東日本大震災の被災者等に係る国税関係法律の臨時特例に関する法律第47条関係）

② 東日本大震災の被災者が作成する代替建物の取得又は新築等に係る不動産の譲渡に関する契約書等の印紙税の非課税措置（東日本大震災の被災者等に係る国税関係法律の臨時特例に関する法律第49条関係）

③ 東日本大震災の被災者が作成する被災農用地の譲渡に係る不動産の譲渡に関する契約書等の印紙税の非課税措置（東日本大震災の被災者等に係る国税関係法律の臨時特例に関する法律第50条関係）

5 その他所要の規定の整備を行うこととする。

十四　東日本大震災からの復興のための施策を実施するために必要な財源の確保に関する特別措置法の一部改正（第14条関係）

1 所得税法の改正に伴い、復興特別所得税の確定所得申告について、その計算した所得税の額の合計額が配当控除の額を超える場合であっても、控除しきれなかった外国税額控除の額があるとき、控除しきれなかった源泉徴収税額があるとき、又は控除しきれなかった予納税額があるときは、その申告書の提出を要しないこととするほか、源泉徴収特別税額等及び予納特別税額の還付に係る還付加算金の計算期間について、所要の整備を行うこととする。（東日本大震災からの復興のための施策を実

施するために必要な財源の確保に関する特別措置法第17条、第23条関係)

(注) 上記の改正は、確定申告期限が令和4年1月1日以後となる所得税の確定申告書を提出する場合について適用する。(附則第120条関係)

2　その他所要の規定の整備を行うこととする。

十五　新型コロナウイルス感染症等の影響に対応するための国税関係法律の臨時特例に関する法律の一部改正(第15条関係)

1　次のとおり住宅借入金等を有する場合の所得税額の特別控除に係る居住の用に供する期間等の特例措置を講ずることとする。(新型コロナウイルス感染症等の影響に対応するための国税関係法律の臨時特例に関する法律第6条の2関係)

(1)　住宅の新築取得等(住宅の取得等又は認定住宅の新築等をいう。以下同じ。)で特別特例取得に該当するものをした者が、その特別特例取得をした家屋を令和3年1月1日から令和4年12月31日までの間にその者の居住の用に供した場合には、住宅借入金等を有する場合の所得税額の特別控除、認定住宅の新築等に係る住宅借入金等を有する場合の所得税額の特別控除の特例及び東日本大震災の被災者等に係る住宅借入金等を有する場合の所得税額の特別控除の控除額に係る特例並びにこれらの控除の控除期間の3年間延長の特例を適用することができる。

(2)　個人又は住宅被災者が、国内において、特例住宅の新築取得等(特例住宅の取得等又は特例認定住宅の新築等をいう。以下同じ。)で特例特別特例取得に該当するものをした場合には、上記(1)の住宅借入金等を有する場合の所得税額の特別控除に係る居住の用に供する期間の特例を適用することができる。ただし、その者の13年間の控除期間のうち、その年分の所得税に係る合計所得金額が1,000万円を超える年については、この(2)の特例を適用しない。

(注) 上記(1)の「特別特例取得」及び上記(2)の「特例特別特例取得」とは、それぞれその取得に係る対価の額又は費用の額に含まれる消費税額等相当額が、その取得に係る課税資産の譲渡等につき現行の消費税率により課されるべき消費税額及び当該消費税額を課税標準として課されるべき地方消費税額の合計額に相当する額である場合における住宅の新築取得等又は特例住宅の新築取得等のうち、その契約が一定の期間内に締結されているものをいう。

(3)　要耐震改修住宅の取得をして耐震改修をした場合の特例及び年末調整に係る住宅借入金等を有する場合の所得税額の特別控除について、所要の措置を講ずる。

2　その他所要の規定の整備を行うこととする。

十六　所得税法等の一部を改正する法律（平成27年法律第9号）の一部改正（第16条関係）

　たばこ税の手持品課税申告書について、税務書類における押印義務の見直しに伴い、所要の整備を行うこととする。（所得税法等の一部を改正する法律附則第52条関係）

十七　所得税法等の一部を改正する法律（平成28年法律第15号）の一部改正（第17条関係）

　非課税口座内の少額上場株式等に係る配当所得及び譲渡所得等の非課税措置について、平成29年分の非課税管理勘定が設定されている非課税口座を令和3年4月1日において開設している居住者等で、同日前にその者の個人番号を当該非課税口座が開設されている金融商品取引業者等の営業所の長に告知をしていないものは、同日から同年12月31日までの間は、当該金融商品取引業者等の営業所の長に対し、非課税口座開設届出書の提出をすることができることとする等の措置を講ずることとする。（所得税法等の一部を改正する法律附則第73条関係）

十八　所得税法等の一部を改正する法律（平成30年法律第7号）の一部改正（第18条関係）

1　法人の提出する法人税申告書等に係る代表者等の自署押印に関する経過措置について、令和3年4月1日以後に提出する確定申告書等を除外することとする。（所得税法等の一部を改正する法律附則第41条、第42条、第126条関係）
2　たばこ税の手持品課税申告書について、税務書類における押印義務の見直しに伴い、所要の整備を行うこととする。（所得税法等の一部を改正する法律附則第51条関係）
3　その他所要の規定の整備を行うこととする。

十九　所得税法等の一部を改正する法律（令和2年法律第8号）の一部改正（第19条関係）

1　試験研究を行った場合の特別税額控除制度について、特別税額控除割合を割り増す措置及び控除上限額を加算する措置の適用期限の延長等に伴い通算法人に係る税額控除限度額の計算におけるこれらの措置の適用要件の判定並びに計算の基礎となる税額控除限度額及び控除上限額につき通算法人及び他の通算法人を一体として計算する等の措置を講ずることとするほか、適用期限が延長されたその他

の租税特別措置等について、連結納税制度の見直しに伴う所要の措置を講ずることとする。（所得税法等の一部を改正する法律第16条、第23条関係）

2　その他所要の規定の整備を行うこととする。

二十　その他（附則関係）

この法律は、別段の定めがあるものを除き、令和3年4月1日から施行することとする。（附則第1条関係）

編著者プロフィール

徳田　孝司（とくだ・たかし）
公認会計士・税理士
辻・本郷 税理士法人　理事長

　昭和29年愛媛県生まれ。長崎大学経済学部卒業。昭和55年朝日監査法人（現あずさ監査法人）入所、昭和59年公認会計士登録。昭和61年本郷公認会計士事務所入所。平成14年辻・本郷 税理士法人設立に伴い副理事長に就任。平成28年同法人、理事長就任。

　『安心のトップブランド』をモットーに、顧問先との強い信頼関係を構築し、総勢1500名のスタッフを擁する国内最大規模の税理士法人を牽引している。

〈主要著書〉
「スラスラと会社の数字が読める本─利益のしくみが見えてくる」（成美文庫）、「税金経営の時代」（東峰書房）、「精選100節税相談シート集」（銀行研修社）ほか

辻・本郷 税理士法人

　平成14年4月設立。東京新宿に本部を置き、日本国内に60以上の拠点、海外5拠点を持つ国内最大規模を誇る税理士法人。

　税務コンサルティング、相続、事業承継、医療、M&A、企業再生、公益法人、移転価格、国際税務など各税務分野別に専門特化したプロ集団。

　弁護士、不動産鑑定士、司法書士との連携により、顧客の立場に立ったワンストップサービスとあらゆるニーズに応える総合力をもって業務展開している。

　　　〒160-0022
　　　東京都新宿区新宿4-1-6　JR新宿ミライナタワー 28階
　　　TEL　03-5323-3301㈹ / FAX　03-5323-3302
　　　URL：https://www.ht-tax.or.jp

実務がこう変わる！
図解　令和3年度税制改正

令和3年3月30日　第1刷発行

編　著　辻・本郷 税理士法人
　　　　理事長　德田　孝司

発　行　株式会社ぎょうせい

〒136-8575　東京都江東区新木場1-18-11
URL：https://gyosei.jp

フリーコール　0120-953-431
ぎょうせい　お問い合わせ 検索 https://gyosei.jp/inquiry/
〈検印省略〉

印刷　ぎょうせいデジタル株式会社　　　　　©2021　Printed in Japan
※乱丁・落丁本はお取り替えいたします。
ISBN978-4-324-10961-8
(5181340-00-000)
〔略号：税制改正（令3）〕